GERHARD
SCHMALZ

ORDNUNG *im* BAD

Eine Art Ratgeber, um vielleicht etwas
verändern zu können

novum ▰ pro

Dieses Buch ist auch als
e-book
erhältlich.

Bibliografische Information
der Deutschen Nationalbibliothek:

Die Deutsche Nationalbibliothek
verzeichnet diese Publikation in
der Deutschen Nationalbibliografie.
Detaillierte bibliografische Daten
sind im Internet über
http://www.d-nb.de abrufbar.

Gedruckt in der Europäischen Union
auf umweltfreundlichem, chlor- und
säurefrei gebleichtem Papier.

© 2024 novum Verlag

ISBN 978-3-99146-986-5
Lektorat: Mag. Angelika Mählich
Umschlag- und Innenabbildungen:
Gerhard Schmalz
Umschlaggestaltung, Layout & Satz:
novum Verlag

Die vom Autor zur Verfügung gestellten Abbildungen wurden in der
bestmöglichen Qualität gedruckt.

www.novumverlag.com

Druckprodukt mit finanziellem
Klimabeitrag
ClimatePartner.com/16547-2311-1001

Inhaltsverzeichnis

Anleitung für dieses Buch

Endlich glücklich sein. Reich werden in nur sechs einfachen Schritten. Berühmt und erfolgreich, ohne etwas zu ändern. In 100 Tagen zum Traumkörper. All das könnten Sie vielleicht erreichen. Hilft Ihnen dabei dieses Buch? Könnte sein. Brauchen Sie dafür dieses Buch? Natürlich nicht. Was Sie brauchen, kann ich ja nicht wissen. Sie sind ja Sie, liebe Leserin, lieber Leser. Ich kenne Sie ja nicht einmal. Zumindest wahrscheinlich. Wir könnten uns kennen. Aber kaum so gut, als dass ich Ihnen zu Glück, Reichtum oder Erfolg verhelfen könnte. Und wenn, dann wäre es Glück von meiner Seite. Vielleicht hätte ich dann das, ausschließlich für mich bestimmte Buch, „Glück beim Buchschreiben für Bestsellerautoren" durchgearbeitet. Habe ich aber nicht. Zumindest nicht bis jetzt. Was will ich dann mit diesem Buch erreichen? Ich muss ja ein Ziel haben. Ohne Ziel schreibt doch keiner ein ganzes Buch. Zumindest glaube ich das. Natürlich habe ich ein Ziel. Ich habe immer ein Ziel, wie Sie noch lesen und erfahren werden.

Ordnung im Bad. Was für ein eigenwilliger Titel. Egal, was ein Lektor, ein Verlag, oder ein Leser sagen würde, ich würde mich niemals von diesem Buchtitel abbringen lassen. Weil ich dann diesen Abschnitt umschreiben müsste? Auch. Allerdings gibt es einen ganz besonderen Grund. Praktisch einen Auftrag. Dieses Buch beinhaltet einige persönliche Geschichten, die ich versuche in verschiedene Kontexte zu rücken, um einige Aspekte des Lebens zu beleuchten. Zumindest aus meiner subjektiven Sicht, ohne Anspruch auf Richtigkeit und Vollständigkeit. Und der Titel beruht ebenso auf einer Geschichte.

Ich arbeite bisher die meiste Zeit meines Lebens an der Universität, wobei ich Studierende in einem zahnmedizinischen

Teilbereich unterrichte und dabei auf dem Weg zum Zahnarzt ein ganzes Stück begleiten darf. Ich pflege einen sehr persönlichen Umgang mit den Studierenden. Eine gute Beziehung zwischen Studierenden und ihren Lehrern ist eine sehr wichtige Voraussetzung für guten Lernerfolg. Und daneben auch noch viel angenehmer, als die psychische Gesundheit meiner Nachwuchskollegen zu malträtieren. Wenn ich mich an meine Schulzeit erinnere, gab es verschiedene Sorten von Lehrern. Besonders auffällig waren diejenigen Lehrer, die mit Angst und Terror versucht haben, die Schüler disziplinarisch zum Lernen zu zwingen. In gewisser Weise waren sie erfolgreich, aber nicht nachhaltig. Und nicht angenehm. Auf der anderen Seite gab es die inspirierenden, nahbaren Lehrer, die auf die Schüler eingegangen sind. Interesse geweckt und begeistert haben. Solch eine Lehrkraft wollte ich immer werden und glaube es, in Teilen, geworden zu sein. Das hat noch immer nichts mit Ordnung im Bad zu tun? – da haben Sie recht. Aber es führt uns gleich zur Geschichte.

Als die Coronapandemie uns alle im Griff hatte, waren wir gezwungen, auf alternative Lehrangebote zu wechseln. Wir konnten unseren Unterricht nur in Teilen so ausführen, wie wir es gewohnt waren. Gemeinsam mit einem guten Freund und Kollegen beschloss ich in dieser Zeit, eine Art Webinar anzubieten, bei welchem wir den Studierenden kurz vor dem Abschluss die Gelegenheit gaben, noch einige Aspekte mit uns zu diskutieren. Wir haben es damals Podcast genannt, weil wir nicht wussten, dass man einen Podcast eigentlich primär hört und nicht in einem Dialog per Video zugeschaltet ist. Diese Veranstaltungen liefen oftmals sehr unterhaltsam ab. An einem Abend entwickelte sich hierbei eine eigenwillige Konstellation. In unserer Abteilung arbeitete zu dieser Zeit ein älterer Kollege, der nur noch wenige Jahre bis zum Ruhestand hatte. Er war, wie so viele, ein Opfer des Systems. Aber er steckte nicht auf und blieb sich und seiner Linie treu. Und diese beinhaltete eine sehr amüsante Art und Sprechweise, gepaart mit sehr extravaganten Aussagen in Vorlesungen und Seminaren. Das machte den Kollegen nicht nur einzigartig, sondern in den Augen der Studierenden durchaus zu einer Art Koryphäe. Im Dialog mit den Studierenden kam nunmehr das Thema irgendwann auf besagten Kollegen. Wir erzählten hierbei den Studierenden die Geschichte, dass ebenjener Kollege ein Buch geschrieben habe. Einen Lebensratgeber für den Alltag. Hierzu muss man wissen, dass wir dieses Gerücht, das wir in diesem Moment streuten, zu keiner Zeit vorbereitet hatten. Und so kam es, dass wir auf die Frage nach dem Titel des Ratgebers spontan und etwas verwunderlich antworten mussten. „Ordnung um Bad". Eine Alltagshilfe für den modernen Mann. Prompt wurde der Inhalt ausgeschmückt, die Geschichte immer lebhafter erzählt. In einer Universität und unter Studierenden verbreiten sich Gerüchte schnell, besonders wenn diese interessant sind. Schnell streuten wir das Gerücht von einem Hörbuch. Es wurden Bilder manipuliert, einzelne Kapitel teils wortwörtlich rezitiert. „Ordnung im Bad" wurde womöglich für eine kurze Zeit zum meistgesuchten Buch unter den Zahnmedizinern vor Ort. Ein Mythos war geschaffen. Ein imaginärer Topseller – geboren aus einem Scherz.

Heute ist der Kollege im Ruhestand. Und ich bin die einzige Chance, dass „Ordnung im Bad" Realität wird. Gut, streng genommen auch mein Bürokollege und Miterfinder des Buchtitels. Aber dem traue ich es nicht zu, dass er ein solches Buch zu schreiben im Stande ist. Das würde ihm seine Frau außerdem niemals erlauben. Irgendwie hat mich dieser Buchtitel über die Zeit inspiriert. So sehr, dass es mit der Zeit alternativlos wurde, dass mein Buch eben genau diesen Titel haben würde.

„Eine Art Ratgeber, um vielleicht etwas verändern zu können." Dies stellt Ihnen der Untertitel in Aussicht. Dieses Buch hat nicht den Anspruch, einen ultimativen Lebensratgeber darzustellen. Vielleicht wäre ich dazu nicht der richtige Ansprechpartner. Zwar bin ich gut ausgebildeter Zahnarzt und arbeite seit einem Jahrzehnt in der Ausbildung angehender Zahnärzte. Dazu bin ich Gesundheitspsychologe, Berater und Coach. Halte Vorträge und gebe Seminare, leite Workshops und berate verschiedene Partner. Aber ich bin auch chronisch krank, Burn-out-Patient, bei schlechter körperlicher Verfassung. Wozu könnte ich Ihnen Ratschläge geben? Reichtum, Erfolg, Berühmtheit, Gesundheit, Fitness ... habe ich alles nicht im Übermaß. Ich bin kein Extrembergsteiger, der die höchsten Gipfel der Welt in Rekordzeit bestiegen hat. Ich bin auch weit davon entfernt, Ihnen eine Anleitung zur Million geben zu können. Bin kein Prominenter, der über sein bewegtes Leben reflektiert. „Mein Weg zum Fernsehstar" klingt auf den ersten Blick deutlich interessanter als „Ordnung im Bad". Ein Fernsehstar, der jeden Tag aus dem Bildschirm schaut, erscheint im Vergleich zu mir auf den ersten Blick ebenfalls der größere Magnet für Bücherfreunde zu sein.

Warum glaube ich dennoch, Ihr Interesse wecken und Ihnen womöglich etwas mitgeben zu können? Weil Sie in diesem Buch etwas anderes finden werden als die schlauen Ratschläge eines Alleskönners. Weil sie ganz besonders ehrliche Einblicke in meine Gedanken und Teile meines Lebens und Umfelds erhalten können. Weil Sie aus meinen Fehlern lernen können. Und ganz besonders weil dieses Buch auch unterhalten soll. Der Aufbau dieses Werkes ist dabei sicherlich speziell. Grundsätzlich gliedert sich „Ordnung im Bad" in verschiedene Kapitel unterschiedlichen Umfangs. Diese sind in zwei Abschnitten angeordnet. Dabei möchte ich Themen wie Ehrgeiz, Zufriedenheit, Glück, Disziplin oder auch Motivation beleuchten. Aus meiner ganz persönlichen Sicht. Unter Zuhilfenahme von Kenntnissen aus der Psychologie, spannender Zitate und einiger mehr oder weniger unterhaltsamer Geschichten aus meinem Leben. Ich will mich im Rahmen dieses Buches auch durchaus kritisch äußern. Auch das System Universität werde ich dabei adressieren. Dies ist womöglich nicht der größte Katalysator für meine Universitätskarriere (zumindest nicht in positiver Hinsicht, aber wer weiß das schon). Allerdings ist es mir wichtig, einige Aspekte zu kommunizieren. Mir helfen diese Erkenntnisse, die Welt ein wenig besser zu verstehen. Nicht zuletzt schweift dieses Buch immer mal wieder in die Realität des Schreibprozesses ab. Skizziert meine Kämpfe mit Nussknackern, mein Fernsehprogramm sowie einen Traum von einem sehr berühmten Vorwort-Schreiber für dieses Werk. Auch das eine oder andere Selbstgespräch bis hin zu meiner persönlichen Therapiesitzung mit mir selbst sind enthalten und werden Ihnen meine Gedanken illustrieren. Auch für Naturfreunde und Hundeliebhaber sind Kapitel enthalten. An passenden Stellen (mitunter mehr oder weniger) habe ich auch Bilder eingefügt, um den Text etwas lebhafter zu machen und womöglich das eine oder andere Kapitel noch mehr aufzulockern. Zum Abschluss eines jeden Kapitels habe ich zudem eine Art Kurzzusammenfassung der wichtigsten Inhalte, zumindest aus meiner Sicht, eingefügt. Neben den fünf Kernbotschaften sind dort auch jeweils drei Fragen enthalten. Diese Fragen können Sie sich stellen, wenn Sie sich mit den Themen beziehungsweise dem Thema des entsprechenden Kapitels näher auseinandersetzen möchten. Manche davon werden Ihnen vielleicht eine Inspiration oder eine Idee liefern. Zu manchen werden Sie wohl keinen Zugang finden. Manchmal reicht es jedoch, die eine richtige Frage zu stellen. Aus meiner Arbeit als Coach weiß ich, wie mächtig eine Frage sein kann. Ich wünsche Ihnen, dass die beste Frage für Sie dabei sein wird.

Ich hoffe sehr, wünsche mir und Ihnen, dass jeder Leser für sich etwas aus den Geschichten dieses Buches mitnehmen kann. Veränderung ist aus meiner Sicht ein Puzzlespiel. Alle Teile wird man niemals gleichzeitig und auf einen Moment korrekt platzieren. Ein Puzzle gelingt nur, wenn man die einzelnen Teile schrittweise und kontinuierlich zusammenfügt. Sich einen Randbereich vornimmt und diesen akribisch zusammensetzt. Schritt für Schritt das Bild vervollständigt und gleichsam die verfügbaren Einzelteile langsam reduziert, was den Gesamtauftrag erleichtert. Der Anfang ist das Schwerste und das Scheitern vorprogrammiert, wenn man alles auf einmal will. Dieses Buch ist voller Puzzleteile. Voller Berichte über erfolgreiches und noch viel mehr erfolgloses Puzzlespiel. Wenn Sie lange genug suchen, werden Sie mithilfe dieses Buches vielleicht ein Randstück finden, das Ihnen bisher fehlte, um mit Ihrem persönlichen Puzzle weiterzukommen. Vielleicht entdecken Sie auch, dass Ihre bisherige Strategie goldrichtig war und Sie nur am Ball bleiben müssen. Im ungünstigsten Fall werden Sie nach dem Lesen dieses

Buches keinen Schritt weiter sein als zuvor. In diesem Fall, liebe Leserin, lieber Leser, lehnen Sie sich zurück und lassen sich zumindest von der einen oder anderen Passage unterhalten.

Ich wünsche Ihnen hierbei viel Vergnügen und eine gute Reise durch sechzehn (hoffentlich) spannende Kapitel. Also los. Worauf warten Sie noch?

ABSCHNITT I

Veränderung – wie geht das und was brauche ich eigentlich dafür?

KAPITEL 1

Etwas verändern

Eine Veränderung. Was ist eine Veränderung? Wie kann ich etwas verändern? Ich würde ja etwas verändern, wenn ich nur könnte ... Das Thema Veränderung beschäftigt viele Menschen Tag für Tag, Jahr für Jahr. Am schönsten kann man dies um den Jahreswechsel beobachten. In der ersten Woche des Jahres, wenn so langsam der Kater von der Silvesterfeier verflogen ist, stapeln sich die guten Vorsätze. Ich möchte mehr Sport treiben, meine Ernährung positiv verändern, also weniger Fett, weniger Fleisch, weniger Zucker. In den ersten Wochen im Januar platzen die Fitnessstudios aus allen Nähten. Menschen betreten in feinster Manier eines Entdeckers erstmalig im Leben einen Bioladen. Männer streichen Avocado auf ihren Quinoa-Taler (keine Ahnung, ob es sowas gibt) und lassen das Bier im Keller einstauben. Nach einem sukzessiven Abebben der Motivation und Bemühungen nivelliert sich diese Neujahrsspitze im Gesundheitsjahr und im Regelfall stellt sich der Normalzustand wieder ein. Im Jahr darauf wiederholt sich das Unterfangen. Spätestens wenn es um die großen Brocken geht, zum Beispiel mal eben das Rauchen aufzugeben, wird klar: Veränderungen sind nicht ohne, kommen nicht von allein und bedürfen einiger Rahmenbedingungen von innen und außen. Aber fangen wir von vorne an.

Was überhaupt eine Veränderung ist, lässt sich am einfachsten aus der Physik skizzieren. Wenn sich Teilchen weniger bewegen nimmt die Wärme ab. Es verändert sich die Temperatur. Wenn wir nun zum Beispiel in der warmen Stube sitzen und das Fenster öffnen, um die Februarluft hereinzulassen, bemerken wir sofort eine Veränderung. Ein anderes Beispiel könnte die Beleuchtung eines Raumes sein. Sitzen wir im Dunkeln und schalten eine Lampe ein, verändern wir die Bedingungen und können mehr sehen. Das scheint in den meisten Fällen eine positive Veränderung zu sein. Es gibt jedoch auch Situationen, in denen dies negativ ausfällt, beispielsweise wenn wir nicht aufgeräumt haben und das Elend gar nicht sehen wollen. Hier merkt man: ob eine Veränderung stattfindet, ist zunächst gut feststellbar, jedoch bleibt es subjektiv, wie diese empfunden wird. Hierzu gibt es noch ein gutes physikalisches Beispiel: den Weberschen Drei-Schalen-Versuch. Hierzu braucht man drei Schalen mit Wasser und Sie können es gern zu Hause einmal ausprobieren: Schale 1 mit kaltem, Schale 2 mit lauwarmem und Schale 3 mit sehr warmem Wasser. Hat man nun eine Hand in Schale 1, fühlt sich das Wasser in Schale 2 danach warm an. Hat man die Hand zuerst in Schale 3, so fühlt man anschließend das Wasser in Schale 2 eher kalt. Dabei ist die Temperatur in Schale 2 immer gleich. Bedeutet, wie wir eine Veränderung empfinden, hängt von uns selbst und den Bedingungen, unter denen wir uns gerade bewegen, ab.

Wir leben in einer sich ständig verändernden Welt. Heraklit sagte dereinst: „Nichts ist so beständig wie der Wandel." Und damit hatte er wohl absolut recht. Wir verändern uns. Die Welt verändert sich. Pausenlos. Als ich mir vorgenommen habe, dieses Buch zu schreiben, hatte ich einige Überlegungen zur Art und Weise, zum Schreibstil und zum Aufbau angestellt. Ich lese selbst gern und finde eine Sache außerordentlich spannend: Zitate. Zum einen stützt es wunderbar den eigenen Standpunkt und die eigene Argumentation. Kaum ein Mensch wird sagen: „Das mag sein, dass das Albert Einstein gesagt hat, aber was weiß der denn schon?" Auf der anderen Seite finde ich es spannend, wozu sich unterschiedlichste Menschen in den verschiedenen Epochen geäußert haben. Nun bin ich eher etwas „Old School" unterwegs und bevorzuge das geschriebene Wort in haptischer, gedruckter Form. Also machte ich mich auf die Suche nach einem Zitatband, einer übersichtlichen Sammlung verschiedener Zitate, idealerweise thematisch geordnet. Durch den ersten Buchladen irrte ich hoffnungslos. Es war auch nicht im Entferntesten etwas Geeignetes zu finden. Der zweite Buchladen – der größte der Stadt – führte ebenfalls nicht zum gewünschten Erfolg. Ich fragte mich durch, Literatur, Sachbücher, Philosophie, und wurde dann hoffnungsvoll in die Lyrik-Ecke (wobei doch eher Eckchen) verwiesen. Dort gab es ebenfalls: nichts. Auf Nachfrage bekam ich im Grunde nur zu hören, dass heutzutage doch keiner mehr einen Zitatband braucht. Es stünden doch alle Zitate im Internet. Schlussendlich kaufte ich einen Zitatband im Internet. Irgendwie paradox. So verändert sich die Welt. Dies ist natürlich nur ein winziges Beispiel aus meiner persönlichen Erlebenswelt. Wir alle sehen wahrscheinlich jeden Tag neue Veränderungen um uns herum. Künstliche Intelligenz, selbstfahrende Autos, das neue Smartphone, die 30. Variante, die im Grunde so ist, wie die 29., nur besser, teurer und mit anderem Zubehör.

Da stellt sich mir jedoch die Frage: Wie kann man in dieser Welt wirklich noch etwas verändern. Was ist eine messbare Veränderung im Leben und wie kann ich sie erreichen? Und vor allem: Wie kann ich mich selbst verändern?

Kann ich etwas verändern?

„Daran kann ich als Einzelner doch sowieso nichts verändern." So oder so ähnlich habe ich den Satz zumindest schon häufiger verwendet. Mit dem Fahrrad zur Arbeit, fürs Klima? Sollen doch erst mal die Großkonzerne nachts das Licht ausmachen. Soll doch der Nachbar erst mal seinen 20 Jahre alten VW-Bus gegen einen E-Smart tauschen. Sollen die doch erst mal die großen Öl-Tanker im Hafen lassen. Wieso soll ich, der „kleine Sparer", wie ihn Hape Kerkeling in einer Comedysendung mit versteckter Kamera einst bezeichnete, ausgerechnet Abstriche machen? Und wenn ich dann jeden Tag, bei Wind und Wetter, trotz Rückenschmerzen und, noch schlimmer, Lustlosigkeit, meinen armen Körper aufs Fahrrad schwinge, was kann ich damit schon verändern? Nun, wahrscheinlich würde ich erst mal meinen, zugegeben, etwas ungenügenden körperlichen Fitnesszustand verbessern.

Zudem noch etwas Geld sparen, zumindest, sofern mein Fahrrad nicht gestohlen wird, was in meinem derzeitigen Wohnort doch ausgesprochen häufig vorkommt. Aber das wird mich nur wenig überzeugen. Was ist denn überhaupt eine relevante Veränderung für die Welt? Hierzu fällt mir eine kleine Geschichte ein.

Vor einer Weile ging ich morgens mit unserem Dackel spazieren. Wir wohnen mitten in der Stadt, sodass unsere Spaziergänge in den meisten Fällen eher über gepflasterten Straßen verlaufen. An einer Stelle, an der wir häufig entlang gehen, klebte die Nase von Rolf (dem Dackel) wie immer am Boden. Er hatte schon den Mund leicht geöffnet, die Zunge ausgefahren, als ich blitzschnell reagierte. Ich hob einen, zwischen den Pflastersteinen nach obenstehenden klemmenden Nagel auf. Ob dies eine bewusst gestellte Falle war, kann ich nicht bewerten. Ich steckte den Nagel in die Tasche meiner Hose und warf ihn in einen Müllcontainer. Ich dachte darüber nach. Was hätte passieren können, wenn ich den Nagel nicht entfernt hätte? Nun, es hätte schon mal gar nichts passieren können (keine Veränderung durch mein Handeln). Mein oder auch ein anderer Hund hätte den Nagel fressen und sich schwer verletzen können. Oder ein Kind hätte sich verletzen können (Veränderung durch mein Handeln). Oder aber eine Mutter, die zudem ihr Kind auf dem Fahrradsitz hat, hätte mit dem Fahrrad in den Nagel fahren und später wegen eines platten Reifens stürzen können. Oder gar einen Zusammenstoß mit einem Auto an der Kreuzung haben können (Verhinderung einer Katastrophe durch mein Handeln). Der Reihenfolge nach gibt es für die gezeichneten möglichen Verläufe zugegebenermaßen stark sinkende Wahrscheinlichkeiten.

Ich glaube, und da schließe ich mich mit ein, viele von uns fragen sich, ob unsere Handlungen wirklich etwas verändern können. Ob auch kleine Veränderungen eine große Wirkung haben, Stichwort „Butterfly-Effekt", also der Flügelschlag eines Schmetterlings, der anderswo einen Wirbelsturm verursacht. Die Geschichte mit dem Nagel zeigt, dass kleine Veränderungen oftmals keine große Wirkung haben, weshalb die Wahrscheinlichkeit für einen großen Wirbelsturm infolge einer kleinen Handlung gering ist. Gering, aber nicht null. Und das ist für mich persönlich der springende Punkt. Wenn ich Vorträge zum Thema Risikomanagement in der Zahnmedizin halte, bekomme ich immer wieder dieselbe Frage: Wie häufig sind denn Notfälle in der zahnärztlichen Praxis? Und ist dieses Thema für mich überhaupt relevant? Ohne ins Detail zu gehen: (Schlimme) Notfälle beim Zahnarzt sind selten. Konsequenzen eines schlimmen Notfalls sind jedoch schlimm. Oftmals sehr schlimm. Ich stelle hier gerne eine Gegenfrage: Sind Sie haftpflichtversichert und, wenn ja, wie viele Menschen kennen Sie, die schon einmal einen Haftpflichtschaden von 10 Millionen Euro verursacht haben? Dasselbe Prinzip nur umgekehrt. Anderes Beispiel: Lotto! Die Chance bei 6 aus 49 liegt bei 1:140 Millionen. Unmengen an Lotterielosen werden Woche für Woche verkauft. Ich denke, die Wahrscheinlichkeit, dass der Nagel in der Geschichte eine schlimme Folge nach sich zieht, ist etwas größer als oder zumindest ähnlich wie 1:140.000.000. Aber glauben Sie, dass jeder Lottospieler den Nagel deshalb aufheben würde? Unsere Wahrnehmung als Mensch ist subjektiv. Unsere Bewertungskriterien sind subjektiv. Unsere Ansprüche sind hoch, wenn nicht sogar unverschämt hoch. Wenn ich schon Fahrrad fahre, dann will ich auch wenigstens wieder stabile Jahreszeiten und weiße Weihnachten. Sonst verändere ich ja nichts. Und wir sind Weltmeister im Ausreden suchen und Verantwortung abgeben. Warum gerade ich? Und sollen doch die anderen erst mal! Sind hier unsere besten Freunde. Egal ob beim Klimaschutz oder im Leben. Ich bin ehrlich zu Ihnen und zu mir selbst. Ich bin zu faul und zu bequem zum Fahrradfahren. Mir ist das Kosten-Nutzen-Verhältnis für mich persönlich zu unausgewogen. Sie sehen, zur obigen Liste kommt auch noch egoistisch hinzu. Wir alle wollen irgendwie erfolgreich sein. Über das erfolgreich *werden* wollen wir uns indes wenig Gedanken machen. Anders als beim Vater sein und Vater werden, ist es hier womöglich umgekehrt. Wir alle können etwas verändern, schon mit kleinen Dingen. Wir müssen nur anfangen. Und zwar bei uns. Oder um es mit Einsteins Worten zu sagen: „Die reinste Form des Wahnsinns ist es, alles beim Alten zu lassen und zu hoffen, dass sich etwas ändert."

Sich selbst verändern

Aus dem obenstehenden können wir einige Punkte festhalten. Veränderung beginnt in und mit uns – und ist schwer. Ich schreibe dieses Buch, weil ich etwas verändern will und muss. Und das in allererster Linie bei mir selbst. Was können wir an uns überhaupt verändern? Hier gibt es verschiedene, einfache externe Veränderungen. Ich kann mir die Haare färben, meinen Kleidungsstil runderneuern, ab morgen nur noch eine Sonnenbrille tragen. Freilich sind dies Veränderungen, welche in den meisten Fällen leicht und schnell umsetzbar sind. Mitunter sind sie auch Spiegel innerer Veränderungen. Ich möchte in diesem Buch aber über die inneren Veränderungen schreiben. Über Veränderungen und Entwicklungen an Einstellung, Haltung und Verhalten. Wesentliche Grundelemente, die diese Parameter beeinflussen, werden in den folgenden Kapiteln auch nochmal im Einzelnen beschrieben. Dort geht es um Zufriedenheit, Motivation, Ehrgeiz, Disziplin, Konsequenz und einige andere Faktoren mehr, die ich für wichtig halte, um Entscheidungen treffen zu können, die zur Veränderung führen. Dabei geht es besonders um unsere Einstellung zu a) uns selbst und b) zu unserer Umwelt. Unsere Einstellung und innere Haltung bedingen wiederum in der Folge unser (sichtbares) Verhalten. Ich möchte an dieser Stelle nicht unnötig theoretisieren. Ich werde daher auf das Elementare herunterbrechen, was für Verhalten und Verhaltensänderung relevant ist.

Zum einen ist unser Verhalten erlernt. Unsere Erlebnisse, Erfolge, Misserfolge, Siege, Niederlagen, Belohnungen, Bestrafungen, Gesundheit, Krankheit, im Grunde alles, was wir erleben, beeinflusst unser Verhalten. Einzelne Verhaltensweisen können nach dem sogenannten SORC-Schema, Stimulus-Organisums-Reaktion-Consequence, beschrieben werden. Ein Beispiel: Ich muss vor dem Wochenende noch einige Patientenakten schreiben (Stimulus). Ich habe die Tendenz, dies zu prokrastinieren, weil ich nicht gewissenhaft bin und mich lieber, aus meiner Sicht, wichtigeren Arbeiten widme, von denen ich einen persönlichen Vorteil habe (Organismus). In der Folge schiebe ich die Akten vor mir her, mache sie nicht am Freitag und schreibe lieber an meinem Buch (Reaktion). Die Konsequenzen: kurzfristig bin ich zufrieden, weil ich mein Buch schreiben kann. Über das Wochenende, also mittelfristig, bekomme ich irgendwann noch mehr Stress als am Freitag, weil die leidigen Akten noch fertig gestellt werden müssen. Das führt dazu, dass ich künftig eine noch stärkere Aversion gegen diese dämlichen Akten entwickle (ich ärgere mich regelrecht schon beim Schreiben). Langfristig: Mein Buch wird ein Riesenerfolg. Ich schreibe gar keine Akten mehr. Problem gelöst. Danke Ihnen, liebe Leser und Leserinnen!

Verhalten ist interessant – Verhaltensänderungen sind noch interessanter. Hier gibt es zwei Aspekte, die ich kurz anreißen möchte. Über die Jahrzehnte wurden Modelle entwickelt, die sich mit Verhaltensänderungen beschäftigen und die einzelnen Faktoren erklären sollen, welche die Änderung von Verhalten erklären sollen. Die Arbeitsgruppe von James O. Prochaska entwickelte hier das Transtheoretische Modell. Dieses besagt, dass sich Menschen bezüglich ihres Verhaltens in verschiedenen Phasen befinden können. Hier gibt es zum Beispiel die Absichtslosigkeitsphase. Hier wollen wir unser Verhalten überhaupt nicht ändern. Kein Fleisch mehr essen? – Da bin ich beispielsweise komplett absichtslos. Anders die Absichtsbildung, wo wir schon eine Handlungsabsicht entwickeln, aber noch nicht handeln. Hier bin ich gerade beim Thema Sport. Ich würde gerne mehr machen. Aber doch nicht mehr heute, vielleicht irgendwann. Das Vorbereitungsstadium ist das nächstmögliche. Hier wird es konkreter und etwas verbindlicher. Wenn ich mich jetzt entscheiden würde, morgen um 8 Uhr Sport zu machen, wäre das in meinem Fall das klassische Vorbereitungsstadium ... dummerweise muss ich da ausgerechnet zur Arbeit – schade – zurück in die Absichtsbildung ...

Im Handlungsstadium ziehen wir es wirklich durch. Gefolgt von der Aufrechterhaltung – wahrscheinlich das schwierigste. In dieser Phase bin ich gerade beim Buch schreiben. Ich muss jetzt durchhalten und bis zum Ende schreiben, sonst habe ich das Ziel verfehlt. Der Vollständigkeit halber sei noch die Terminationsphase erwähnt. Dort hat man es dann geschafft. Zum Beispiel habe ich als Nichtraucher die Termination erreicht. Meine letzte Fluppe ist gute 10 Jahre her. Bin also eine Art Tabak-Terminator. Das kopiere ich mir direkt in den Lebenslauf.

Warum macht es Sinn, das Modell zu kennen und dies zu wissen? Nun, wenn man etwas verändern möchte, ist es ausgesprochen hilfreich, die Hürden zu kennen, die zu nehmen sind. Je konkreter ich weiß, in welcher Phase ich mich gerade bewege, desto klarer kann ich mich damit auseinandersetzen. Wenn ich gerade erst darüber nachdenke, irgendwann mal Fahrrad zu fahren, statt das Auto zu bewegen, ist der nächste Schritt nicht, dass ich mir überlege, wie ich das Fahrradfahren aufrechterhalte, sondern wie ich das Ziel konkret und möglichst zeitlich abgegrenzt umsetzen kann.

Ein anderes Modell, das sich mit der Änderung des Verhaltens befasst, ist die sozial-kognitive Theorie von Bandura. Hierbei sind zwei Erkenntnisse interessant, die man wissen sollte, wenn man etwas verändern möchte. Zum einen spielt das soziale Umfeld eine Rolle. Welche Erwartungen hat mein Umfeld an mich? Welche Unterstützung erhalte ich von meinen Freunden, Familie etc. Der andere, wichtigere Teilaspekt ist der stärkste Vorhersageparameter für Verhaltensänderungen: die Selbstwirksamkeitserwartung. Dies bedeutet, wie stark man selbst davon überzeugt ist, dass die Veränderung gelingt. Eigentlich ganz simpel und doch so kompliziert. Je mehr ich zum Beispiel selbst glaube bzw. überzeugt bin, dass ich es schaffe, weniger Bier zu trinken, desto sicherer gelingt es mir. Was auf den ersten Moment nach simpler Kneipenlogik klingt, ist außerordentlich interessant. Denn hierin liegt die Quintessenz des Veränderns: Wir müssen es wollen, und, noch wichtiger, wir müssen daran glauben, dass es uns gelingt. Wir müssen von uns überzeugt sein. Nehme ich mir wie jedes Jahr vor, im neuen Jahr mehr Sport zu machen, dann ist die Wahrscheinlichkeit, wie jedes Jahr zu scheitern enorm. Dies sind die Stellschrauben.

Bild 1: *Der Moment unmittelbar vor Beginn meines Habilitationsvortrages. Festgehalten von meinem Freund und Büropartner. Mein ganzer Körper strahlt die Entschlossenheit aus, diesen Vortrag erfolgreich zu gestalten. Voller Fokus und absolute Konzentration. Meine Selbstwirksamkeitserwartung ist enorm, das Ergebnis hervorragend – diese Entschlossenheit brauchen wir, wenn wir etwas verändern wollen, in gleichem Maße. Getreu dem passenden Buchtitel von Dieter Lange: „Sieger erkennt man am Start – Verlierer auch."*

Wie beeinflusst man Selbstwirksamkeit? In erster Linie durch Erfolge. Das ist irgendwie eine schlechte Nachricht. Denn wenn ich bei einer Aufgabe gewohnt bin zu versagen (so ging es mir früher in Latein, herzliche Grüße an meine Lateinlehrerinnen, Sie konnten nichts dafür), kriege ich es auch nicht hin. Im Umkehrschluss heißt das jedoch: Wenn ich etwas ändern will, muss ich mich so aufstellen, dass ich schnell erste Erfolge einfahre. Und wenn Sie klein sind. Zweiter Aspekt ist das Modelllernen. Wenn zum Beispiel mein ähnlich schwerfälliger und übergewichtiger Nachbar mit dem Fahrrad zur Arbeit fährt, dann glaube ich, dass ich es auch schaffen kann – und werde. Bedeutet, suchen wir uns realistische Vorbilder, die uns ähneln. Ab morgen kochen wie Tim Raue? „Leider nein, leider gar nicht", wie es der Dennis aus Hürth treffend formulieren würde. Ab morgen mit dem Fahrrad fahren wie mein 15 Jahre älterer Arbeitskollege? Kriege ich hin. Also vielleicht. Erst mal ein Fahrrad besorgen, dann eine Runde um den Block. Kleine Erfolge. Genau. Positive Bestärkungsversuche, also das klassische „du schaffst das" oder

„wir schaffen das" sind übrigens nur geringe Einflussfaktoren auf die Selbstwirksamkeit und damit das Verhalten.

Zum Abschluss des Kapitels können wir folgende Punkte resümieren: Veränderungen sind schwierig. Wir alle streben ein Stück weit danach, der eine mehr, der andere vielleicht etwas weniger. Wenn wir etwas verändern wollen, ist es nicht zwingend erheblich, ob sich hieraus direkt ein großer, messbarer Effekt ergibt. Für Veränderungen ist es hilfreich zu wissen, an welcher Stelle des Prozesses wir uns aktuell selbst befinden. Da die Selbstwirksamkeit entscheidend für die Umsetzung von Veränderungen ist, brauchen wir schnelle Erfolge und gute Vorbilder. Wir brauchen Entschlossenheit, dass es uns gelingt. Dies sind freilich recht theoretische Überlegungen. Ich weiß nun, ich möchte etwas verändern. Was genau? Das lerne ich hoffentlich in diesem Buch. Ich möchte Sie, liebe Leserin, lieber Leser, nun gerne mit auf die weitere Reise nehmen. Schauen wir uns zunächst einige Säulen des Veränderns oder vielleicht sogar des Lebens an, wenn das nicht zu hochtrabend formuliert ist. Vielleicht finden wir hier gemeinsam den Schlüssel zu mehr Zufriedenheit, zur Veränderung, zum Erfolg, wie immer er aussehen mag. Und falls nicht, erfreuen wir uns vielleicht zumindest gemeinsam an ein paar interessanten und teils lustigen Geschichten.

Zusammenfassung und Fragen

✓ Veränderungen sind zwar häufig messbar, werden aber stets individuell empfunden. Entsprechend sind auch die zu überwindenden Hürden subjektiv.

✓ Kleine Veränderungen können enorme Effekte haben, was nicht bedeutet, dass Sie mit jedem Nagel, den Sie aufheben, die Welt retten.

✓ Etwas bei sich selbst zu verändern ist schwer. Richtig schwer.

✓ Verhalten ist erlernt. Sie lernen es leichter, als Sie es verlernen. Also passen Sie besser auf, was Sie sich angewöhnen.

✓ Um etwas verändern zu können, brauchen Sie Selbstwirksamkeit. Diese steigern Sie durch (kleine) Erfolge. Also setzen Sie sich realistische Etappenziele, die Sie auch erreichen.

? Woran merke ich, dass eine Veränderung eingetreten ist bzw. was konkret wird dann anders sein?

? Welche kleinen Schritte bringen mich meinem Gesamtziel näher?

? Was habe ich eigentlich schon alles erreicht, obwohl ich gar nicht gedacht habe, dass ich es überhaupt schaffen kann?

KAPITEL 2

Zufrieden sein

„Den Fortschritt verdanken wir den Nörglern. Zufriedene Menschen wünschen keine Veränderung." sagte Herbert George Wells. Demnach scheint Zufriedenheit bedeutsam für jedwede Form der Veränderung zu sein. Aber ist es heutzutage wirklich unser Problem, dass wir uns zu sehr „auf unseren Lorbeeren ausruhen" oder uns der Antrieb fehlt? Oder ist es womöglich ganz anders?

Zufriedenheit ist ein relativ komplexes Konstrukt. Dennoch ist das Grundprinzip ganz einfach. Zufrieden bin ich dann, wenn das Ergebnis meinen Erwartungen entspricht. Habe ich beispielsweise Durst, bin ich wahrscheinlich zufrieden, wenn ich etwas zu trinken bekomme, etwa ein Glas Wasser. Soweit die Theorie und gleichsam führt ein Wechsel der Perspektive dazu, dass es doch wieder komplizierter wird: Wer ist heute eigentlich wirklich zufrieden? Und warum (nicht)? Zum großen Glück haben die meisten von uns Mitteleuropäern (noch) keine Schwierigkeiten, hinreichend zu essen zu haben oder zu trinken. Ein Zuhause, ein Bett, eine Familie, sogar Fernseher, Computer, Handy und Internetzugang. Beim überwiegenden Anteil der Bevölkerung dürften daher nahezu sämtliche Grundbedürfnisse gedeckt, wahrscheinlich sogar übererfüllt sein. Gehen wir ein paar Jahre zurück, sah das anders aus. Als Jäger und Sammler schwadronierten wir als Nomaden zeitlebens durch die Welt. Stets auf der Suche nach Nahrung, Sicherheit und der Erfüllung unserer Grundbedürfnisse. Das müssen wir heute im Regelfall nicht mehr tun. Folglich sind wir doch alle zufrieden, oder?

Ich habe das Gefühl, wenn ich unter diesen Gesichtspunkten mich selbst und mein Umfeld einmal gedanklich durchstreife, dass ich eher auf das Gegenteil stoße. Mir fallen gar aus dem Stehgreif kaum Menschen ein, von denen ich das Gefühl habe, dass diese ehrlich, also wirklich und aus innerer Überzeugung zufrieden sind. Natürlich findet man immer Parameter, die einen unzufrieden machen können. Stress auf der Arbeit, laute Nachbarn, zu wenig Zeit. Ich habe das Gefühl, dass Wohlstand, Besitz und Komfort eher diametral zur Zufriedenheit sind. Anhand von drei Menschen und kurzen Auszügen aus deren Geschichten möchte ich diese These untermauern.

Oma Ruth

Für mich das uneingeschränkte Vorbild, was Genügsamkeit und Zufriedenheit betrifft, ist meine Urgroßmutter. Inzwischen ist sie leider im Alter von über 90 Jahren verstorben. Insbesondere als Kind durfte ich jedoch viel Zeit mit ihr verbringen. Wenn mir als Kind bestimmte Sachen auch nicht klar waren, so haben sie mich doch bis heute geprägt. Zu Zeiten des Zweiten Weltkriegs war meine Oma im Alter von 14 Jahren aus Niederschlesien geflohen. Damals hieß das, mit allem, was man irgendwie transportieren konnte, im Wesentlichen zu Fuß eine enorme Strecke zurückzulegen. Aus ihren Schilderungen weiß ich noch, dass sie häufig die Übernachtungsmöglichkeiten, zum Beispiel auf Bauernhöfen, organisiert hat. In Erinnerung blieb mir auch, dass sie immer Wert daraufgelegt hat, sich die Zähne zu putzen, auf der Flucht häufig mit Salz statt Zahnpasta. Als sie dann in einem ostthüringischen Dorf ankamen, standen sie alle vor dem Nichts. Bis ins hohe Alter lebte sie dann auf dem Dorf. In einem ausgebauten Schuppen, ohne eigenes Badezimmer, ohne richtiges eigenes WC, mit einem Ölofen als Wärmequelle. Die Benutzung einer richtigen Toilette war nur bei den Nachbarn möglich, ein Wannenbad, wie wir es heute kennen – unmöglich. Das Leben war durchaus beschwerlich und fordernd. Oma Ruth baute sich selbst im Garten Obst und Gemüse an, holte Kohlen aus dem Schuppen, um den Küchenofen zu beheizen, und hatte auch im Alter wenig Komfort. Und dennoch, nie habe ich von ihr auch nur ein Wort der Klage gehört. Es gab für mich kein einziges

Indiz dafür, dass meine Oma unglücklich oder gar unzufrieden wäre. Im Gegenteil. Vielmehr erlebte ich Genügsamkeit und eine Sache, die wir, glaube ich, zum größten Teil verlernen oder verlernt haben: die Freude an den kleinen, vermeintlich einfachen oder oft zu selbstverständlichen Dingen. Ein Stück Schokolade zum Abend. Ein Kakao zum Nachmittag. Ein Stück Quarktorte zum Sonntag. Ab und an ein Eierlikör. Der Blick über das sonnige Feld im Frühjahr. Die Vögel im Vogelhäuschen, die im dichten Schnee Zuflucht und Futter suchen.

Bild 2: *Während ich schon Stöcke brauchte, um im Harz diesen Gedenkstein zu erwandern, flüchtete meine Urgroßmutter weitestgehend zu Fuß während des Krieges aus Niederschlesien. Zum Glück musste ich das nicht erleben – und dennoch bin ich so viel unzufriedener, als meine Urgroßmutter es jemals war.*

Was fehlt uns zur Zufriedenheit? Ich glaube, uns fehlt vor allem die Zufriedenheit selbst. Dieses Gefühl zuzulassen und nicht immer nach dem Höheren oder Besseren zu streben. Das Verharren im Moment gehört wohl auch dazu. Ein Zitat von Berthold Auerbach besagt „Wer nicht zufrieden ist mit dem, was er hat, der wäre auch nicht zufrieden mit dem, was er haben möchte." Diese Worte passen aus meiner Sicht gut zur Lebensphilosophie meiner Urgroßmutter. Es wirkte in all den Jahren nicht so, als würde sie es sich anders wünschen. Für mich unverständlich. Ich fand es furchtbar, zu den Nachbarn auf Toilette zu gehen. Allerdings, bricht man es auf das wesentliche herunter, ist ein Zustand innerer Ruhe und Stabilität, vielleicht auch Aufgeräumtheit mit den Lebensbedingungen das, was uns zufrieden macht. Ich gestehe ein, dass sich diese Worte eher wie ein Zirkelschluss lesen, also eine Begründung der Sache mit der Sache selbst. Vielleicht bringen uns die anderen Geschichten noch näher an den Kern der Zufriedenheit heran.

Die Taxifahrt

Meine Partnerin und ich waren in Eisenach in einem Hotel in einem Villenviertel oberhalb der Stadt. Ich stand mal wieder kurz vor einer Operation und wir wollten vorher noch einmal raus, um auf andere Gedanken zu kommen. Da es schon sehr herbstlich war, und wir nicht die prädestinierten Läufer sind, beschlossen wir, ein Taxi ins Lokal in der Innenstadt zu nehmen. Wir wussten zu diesem Zeitpunkt nicht, dass diese Fahrt uns beide nachhaltig beeinflussen würde. Wir stiegen ins Taxi ein, welches von einer sehr sympathischen, aber auf den ersten Moment recht rustikal wirkenden Taxifahrerin gesteuert wurde. Ich finde Taxifahrten interessant. Mit manchen Taxifahrern kommt man auch auf einer längeren Strecke kaum zum verbalen Austausch. Auf der anderen Seite gibt es Taxifahrer, mit denen ich schon auf kurzen 5-bis-10-Minuten-Strecken zu einem lebhaften Gespräch komme. Diese Taxifahrerin in Eisenach war jedoch bis zu diesem Zeitpunkt einmalig.

Bereits auf den ersten Metern kamen wir ein wenig ins Gespräch. Ich kann den Verlauf, auch wenn ich es mir vorgenommen hatte, nicht mehr exakt rekonstruieren. Die Taxifahrerin berichtete im Zusammenhang mit der Coronapandemie von einer Lungenerkrankung, die sie habe. Den Alltag beschrieb sie als sehr beschwerlich. Hinzu kam, dass sie sich dazu noch komplett um ihr Enkelkind kümmerte, welches leider dazu noch eine

Behinderung hatte. Die Taxifahrerin beschrieb in der Kürze der Zeit, ohne dabei jedoch zu jammern, wie beschwerlich der Alltag ist. Sie berichtete, wie sehr sie kämpft, damit die Enkelin auch etwas Schönes im Leben hat. Und sie war ganz besonders eins: zufrieden, mit dem Wenigen, das sie hat. Damit, dass sie mit dem Taxifahren Geld verdienen kann, dass sie für ihre Enkelin da sein kann. Ich war ganz tief berührt, sodass ich am Ende der Fahrt ein sehr großzügiges Trinkgeld gab. Nachdem es die Taxifahrerin nicht annehmen wollte, sagte sie dann, sie würde es nehmen, um etwas Schönes für die Enkelin zu kaufen.

Winston Churchill hat gesagt: „Wir bestreiten unseren Lebensunterhalt mit dem, was wir bekommen, und wir leben von dem, was wir geben." Diese Taxifahrerin war für mich die Weltmeisterin im Geben. Sie investiert alles, um ihr Leben zu bestreiten, kämpft sich trotz Erkrankung durch den Alltag und investiert alles, was sie hat, in ihre Enkelin. Das nötigt mir Respekt ab. Ich bin selbst chronisch krank und kann es nachvollziehen, wenn der Alltag beschwerlich ist. Da fällt es schwer, zu geben. Trotzdem schafft es diese Taxifahrerin Tag für Tag. Und zieht daraus ihre Kraft und innere Zufriedenheit.

Der Pianist

Wir haben jetzt zwei besondere Geschichten zum Thema Zufriedenheit gesehen. Eine weitere Begegnung, die ich in Warnemünde hatte, war für mich das Beispiel für Zufriedenheit in seiner Essenz. Wir fahren sehr gern und daher mindestens einmal jährlich nach Warnemünde. Meer, Strandkorb, Leuchtturm und Fischbrötchen. Aus Mangel an Zeit dauern diese Trips meist nur wenige Tage, dafür kommen wir in dieser Zeit in einem großen Hotel direkt am Strand unter. Diese Auszeit ist wichtig und immer wieder besonders. So richtig zufrieden bin ich auf diesen Kurzurlauben in der Regel nicht. Die Straßen bei der Hinfahrt zu voll, der falsche Tisch beim Hotelfrühstück, zu viel Wind, zu viel Sonne, überall Sand, Restaurants zu voll, Möwen zu aggressiv, das Bier zu warm, zu viele Menschen überall. Alles subjektive Zufriedenheitsdämpfer. Am Anreisetag essen wir gewöhnlich in unserem Lieblingslokal, einem zentral und nahe dem Hotel gelegenen Restaurant. Niemand möchte im Kurzurlaub ewig durch die Gegend laufen. Die bedeutendste Begegnung unserer Warnemünde-Trips waren aber nicht im Restaurant oder am Strand. Es war bereits nach dem Abendessen und Zeit für einen kleinen Tagesabschluss an der Hotelbar. In der, wie immer, viel zu vollen Bar ergatterten wir uns einen Platz direkt neben dem Flügel. Ich hätte hierzu Klavier gesagt, kenne mich aber nicht aus. Auch das noch, jetzt haben wir einen einzigen Platz in der Hotellobbybar und dann direkt neben einem Klimperkasten, wo sicherlich gleich einer der besten Pianisten Rostocks Richard Wagner scheppert. Meine Zufriedenheit entfernte sich zunehmend vom Zenit.

Plötzlich begann ein Mann im mittleren Alter den Flügel zu bedienen. Ganz anders als von mir erwartet erklangen „Ich liebe das Leben" und „Über den Wolken" in einer erfrischend lockeren Art und Weise. Das Maximum an positiver Gemütlichkeit erreichte die Darbietung von „Die kleine Kneipe" – welche ich fröhlich mit meinem Gin Tonic in der Hand mitsang. Dieses Lied ist schon alleine die Verbalisierung von Zufriedenheit: „Die kleine Kneipe in unserer Straße, da wo das Leben noch lebenswert ist." Mal abgesehen davon, dass man hier eine gewisse Glorifizierung von gemeinsamem Alkoholkonsum betreibt, ist dies für mich eine profunde Beschreibung tiefer Glückseligkeit. Ich mag Kneipen ohnehin. Das Persönliche, Gemeinsame, Vertraute. Das „Hallo Jochen, das übliche? Ein Pils, ein Unterberg? Was macht die Frau? Abgehauen? Auweia! Hier mein Guter!" – Fantastisch.

Jetzt sind wir aber noch nicht beim Kern der Geschichte angelangt. Natürlich wäre hier auch schon der Bezug zur Zufriedenheit herzustellen. Jedoch kam es noch besser. Als der Pianist sein Spiel beendete, sprach ich ihn an, bedankte mich für die tolle musikalische Untermalung des Abends und die Art und Weise der Darbietung. Es entwickelte sich ein kurzes Gespräch. Er erklärte mir, dass er es liebt, Musik zu machen. Dass es ihn selbst begeistert. Er lebt von dieser Art Auftritten und ist im höchsten Maße glücklich. Er berichtete, dass er oftmals morgens aufwacht und sein Glück kaum fassen kann, dass er Musik machen und damit seinen Alltag bestreiten kann. Unfassbar. Dies war nicht einfach so dahingesagt. Der Gesichtsausdruck verriet: Hier ist jemand wirklich zufrieden. Tief zufrieden. Ich gab ihm ein Trinkgeld und verpasste in meiner Verblüfftheit nach Kontaktdaten zu fragen. Dieser Mann war glücklich, nahezu überschwänglich zufrieden. Er war kein großer Pianostar, kein alles überragender Komponist, der die Konzerthallen dieses Landes füllt. Keine Goldene Schallplatte, kein Samstagabendauftritt im Ersten, nicht mal SWR, nicht im Radio, nicht mit „Meine sehr geehrten Damen und Herren, vielen Dank, dass Sie alle gekommen sind". Bestenfalls ein verhaltener Applaus. Ein wenig Hartgeld auf das Klavier gepfeffert. Oder auf den Flügel – ich kenne mich ja nicht aus. Einfach Leben, Musik, Menschen. Zufrieden. Ich hatte in der kurzen Zeit des Gespräches das Gefühl, mit einem der glücklichsten Menschen zu sprechen, den ich je getroffen habe.

„Die meisten Menschen sind unglücklich, weil sie vom Glück zu viel verlangen. Der Ehrgeiz ist der größte Feind des Glücks, denn er macht blind." Sagte Jean-Paul Belmondo. Ergänzt um ein Zitat von Johann Jakob Mohr: „Der geniale Mensch ist der, der, der Augen hat für das, was ihm vor den Füßen liegt." Kann man das Kernproblem für mein Dafürhalten gut beschreiben. Die Fülle an Zielen macht blind für den Moment – der Moment ist aber entscheidend für die Zufriedenheit. Dies illustrieren die drei Geschichten für mich auf vollkommen unterschiedliche und dabei doch so gleiche Art und Weise.

Ich dagegen bin ein Beispiel für Unzufriedenheit. Gleichermaßen für Ehrgeiz. Ich kann mich nach der Schulzeit nur daran erinnern, dass es für mich immer darum ging, das absolute Maximum zu leisten. Pausen, Urlaub, Untätigkeit – alles Gift für mein Weiterkommen, für meinen Fortschritt, für den Erfolg. Schneller Abschluss des Studiums, mit exzellenten Bewertungen, Promotion, Habilitation vor dem 30. Geburtstag. Alles ambitionierte Ziele, ehrgeizige Ansprüche und solche, die ich erreicht habe. Trotz chronischer Erkrankung und enormer finanzieller Sorgen im Studium. Mein letzter zufriedener Tag? – Keine Ahnung. Ehrgeiz und Ansporn führen sicherlich zu Erfolg, wie auch immer man ihn definieren mag, aber nicht unbedingt zur Zufriedenheit. Ich werde in anderen Kapiteln nochmals Bezug hierzu herstellen, wenn es um Ziele und Erfolg geht.

Ich stehe auf. Gehe ein paar Schritte durchs Wohnzimmer. Ein wenig lethargisch bleibe ich vor dem Regal stehen, in dem meine Sammlung an Porzellan-Singvögeln der Firma Karl Ens aus Thüringen steht. Ich schaue zum Eichelhäher mit Küken, dann zum Grünspecht. Der Wiedehopf, Vogel des Jahres 2021, geiler Vogel, schaut ein wenig erschrocken. Die verschiedenen Goldhähnchen – der kleinste Vogel Europas! Alle Vögel in Originalgröße. Ich bin beeindruckt von meiner Sammlung, von den Vögeln, von der Welt. Sammeln. Ich denke nach. Sind wir nicht alle Sammler? Wir sammeln Momente, Erfolge, Geld, Besitz, Erlebnisse ... Wann sind wir mit unserer Sammlung zufrieden? Als Singvogelsammler bin ich nie zufrieden, ich werde nie alle Vogelfiguren haben. Und wenn doch, brauche ich eine zweite Sammlung. Wann bin ich mit meiner „Lebenssammlung" zufrieden? Und dann? Eines Tages fällt für mich der Vorhang. Dann ist Licht aus im Ballhaus, wie man so schön sagt. Liege ich dann zufrieden auf dem Sterbebett, im linken Arm den Eichelhäher mit Küken, fest umklammert, in der rechten Hand mein Buch ... Spiegel-Bestseller ... was für ein toller Hecht? Womöglich nicht. Hinter den Singvögeln steht ein Teil meiner zweiten Sammlung: Wissenschaftspreise und Auszeichnungen. Beeindruckend. Hier weiß jeder Gast: Ich esse hier die Karlsbader Schnitten vom Preisträger des Förderpreises der Zahnärztekammer Sachsen-Anhalt. Da traut sich vor lauter Ehrfurcht sicherlich keiner, nach Salz zu fragen. Oder nach einem Gläschen Apfelsaftschorle. Da hält der Besuch lieber den Rand. Sitzt auf der Sofaecke für Besuch – ohne Rückenlehne, damit keiner unnötig lange bleibt und sich hier zur besten Fernsehzeit unnötig festsetzt – schaut nach oben: Singvögel, Preise ... da stelle ich besser keine Fragen.

Bild 3: *Der „Eichelhäher mit Küken" der Porzellanmanufaktur Karl Ens. Das Herzstück meiner Singvogelsammlung. Gesammelt wie viele einzigartige Erlebnisse auf dem Lebensweg. Warum reicht es uns nicht zur Zufriedenheit? Wann ist die Lebenssammlung vollständig? Und sind wir dann zufrieden?*

Ich lehne mich wieder zurück. Warum um alles in der Welt muss Erfolg und Zufriedenheit antiproportional sein? Ich schaue auf dem Sofa herum. Meine Partnerin liest gerade die Biografie eines Antagonisten der Harry-Potter-Filme. Tom Felton, dem jungen Mann, der den blonden Feind von Harry Potter spielt – soweit meine laienhafte Beschreibung. Ich habe ein Bild gesehen, in dem er einen Karpfen gefangen hat. Ein feiner Kerl, Angler, so wie ich! Sonst haben wir wohl nicht viele Gemeinsamkeiten. Ich bin nicht blond, bin kein berühmter Schauspieler und habe in keinem der acht Harry-Potter-Filme gespielt. Nicht mal ein Gastauftritt beim fünften Teil. „Hallo, das ist Jochen, ein Nichtzauberer aus Ostdeutschland, aber ein feiner Kerl. Ordentlich. Gut ausgebildet. Pfiffig. Der hilft uns mal, einen soliden Plan gegen Voldemort zu machen. Er kann nicht zaubern, ist aber Zahnarzt. Jeder hat Angst vorm Zahnarzt. Das wird unsere Geheimwaffe gegen den dunklen Lord. Wenn die ganzen Todesser erst mal zur Wurzelbehandlung antanzen müssen. Dann ist ganz schnell Essig." Aber ich spiele ja nicht mit.

Zurück zum Thema: Tom Felton hatte, wie viele Jugendfreunde vom Harry Potter, Cast Probleme, mit dem enormen Erfolg umzugehen. Häufig führt großer Erfolg zu Sucht, Depression, Angststörungen und gar zu schlimmeren Dingen. Michael Jackson, Britney Spears, Christoph Daum: Erfolg ja, Zufriedenheit wahrscheinlich eher nein. Bedeutet dies, dass Erfolg und Ehrgeiz der Feind von Zufriedenheit sind? Obacht, hier könnte sich ein Fehlschluss verbergen. Wie bei den Apfelsinen und den Autounfällen. Der Verzehr von Apfelsinen korreliert nämlich mit der Menge an Verkehrsunfällen. Warum? Weil im Winter mehr Apfelsinen gegessen werden als im Sommer – und gleichzeitig bei glatten Straßen und langer Dunkelheit mehr Unfälle geschehen als bei 25 Grad und guter Sicht.

Wenn ich an meine bisherigen Erfolge denke, dann kann ich versuchen zu eruieren, was meine Zufriedenheitshindernisse waren. Häufig fühle ich mich, als würden meine Ergebnisse von anderen Menschen nicht hinreichend gewürdigt. Als würde jeder selbstverständlich finden, dass ich immer ans Ziel komme. Tatsächlich ist die Sachlage etwas diffiziler. Wer würdigt meine Erfolge am wenigsten? Wer findet alles am meisten selbstverständlich? Wer denkt bei einem Schritt schon an den übernächsten? Ich. Und das ist wahrscheinlich die Quintessenz. Das scheint mir der springende Punkt. Zufriedenheit kommt von uns selbst. Intrinsisch könnte man sagen. Und daher können auch nur wir selbst sie erreichen. So wie es unsere drei Geschichten oben zeigen, unabhängig von der objektiven äußeren Beurteilung unserer Situation. Eine neue Erkenntnis des großen Philosophen Gerhard Schmalz, Donnerstagabend auf dem Sofa, inspiriert von einem Latte macchiato und Hartz und Herzlich auf RTL II? Natürlich nicht. Plutarch, seines Zeichens Schriftsteller im Römischen Reich im ersten Jahrhundert nach Christi Geburt, hat hierzu folgenden Spruch rausgehauen: „Ein angenehmes und heiteres Leben kommt nie von äußeren Dingen, sondern der Mensch bringt aus seinem Inneren, wie aus einer Quelle, Zufriedenheit in sein Leben." Ein Zitat, das nicht nur auf den Punkt bringt, was unsere Geschichten schildern. Vielmehr verwendet es die geniale Metapher einer Quelle. Eine Quelle ist ein Ursprung, aber auch etwas Kontinuierliches, aus dem immer wieder etwas Neues entspringt. Ist unser Inneres eine sprudelnde Quelle, sind wir zufrieden. Ist die Quelle in uns versiegt, nützt uns auch die Vorstadtvilla mit dem Tesla Cybertruck und einem eigenen Flugplatz nichts. Zumindest nicht, wenn der Zielparameter Zufriedenheit heißt. Ich denke, hieraus kann man durchaus schlussfolgern, woran es beim Thema Zufriedenheit bei vielen, mich eingeschlossen, offenbar hakt. Kompensationsversuche bleiben eben doch vor allem eins: Versuche.

Zusammenfassung und Fragen

- ✓ Zufriedenheit ist ein sehr subjektives Gefühl, welches nicht von außen erzeugt werden kann.
- ✓ Eine (Über-)Erfüllung von Bedürfnissen führt nicht zwingend zu mehr Zufriedenheit.
- ✓ Oftmals sind wir an Unzufriedenheit gewöhnt, haben diesen Zustand also zu einem Teil unseres Wesens gemacht.
- ✓ Fehlende Zufriedenheit lässt sich nicht kompensieren. Wir versuchen es jedoch mit allen Mitteln und erlangen dadurch nur noch einen tieferen Zustand der Unzufriedenheit.
- ✓ Wir alle befinden uns in unserem Leben auf einer Suche, ohne den Gegenstand dafür zu kennen. Hierfür nehmen wir oftmals ins Visier, unseren Zustand der Unzufriedenheit zu ändern.

- ? Was habe ich eigentlich aktuell alles Gutes in meinem Leben und in welchem Verhältnis steht das zu dem, was mir gerade so sehr fehlt?
- ? Was versuche ich gerade zu kompensieren?
- ? Was bedeutet für mich ganz konkret Zufriedenheit und woran merke ich, dass ich zufrieden bin? (diese Frage sollten Sie sich mehrfach hintereinander stellen)

KAPITEL 3

Das Ziel ist das Ziel

In einem unserer Bücherregale steht eines der Erfolgsbücher von Hape Kerkeling. „Ich bin dann mal weg" beschreibt in fantastischer Art und Weise eine Pilgerreise auf dem Jakobsweg. Der Jakobsweg hat in den vergangenen Dekaden, meiner Wahrnehmung nach, einen regelrechten Hype erlebt. Was früher eine religiöse Kernkomponente hatte, eine profunde und entbehrungsreiche Reise zu sich selbst darstellte, ist heute eine gute Story bei Instagram. Für die sogenannten Follies ... Ich kenne inzwischen eine ganze Menge Menschen, die zumindest Teile des Jakobswegs zurückgelegt haben. Auf Pritschen mit 44 anderen Reisenden in einem Zimmer schlafen. Destruktive Fußschmerzen. Zöpfe zur Vermeidung der Notwendigkeit des Haarewaschens. Ein paar coole Selfies. Für die Familie: Schaut mal, wir sind gepilgert! Dann mit dem Mietauto die letzten Etappen schnell überbrückt und ganz tiefenentspannt in Santiago de Compostela das Nikki verbrannt. Nikki ist dabei ein hiesiger Fachterminus für das gebräuchlichere Wort T-Shirt. Wofür? Für die Reise zu sich selbst. Das Trendwort Nummer eins für alle in unserer „Schneller-Höher-Weiter-Gesellschaft" lautet: Achtsamkeit.

Für diese Pilgerreisen wurde wahrscheinlich der Ausspruch „Der Weg ist das Ziel" formuliert. Ursprünglich soll dieser Satz von Konfuzius stammen. Keine Ahnung, ob dieser junge Mann mal von Qufu bis an die iberische Westküste gelaufen ist. Wäre eine krasse Nummer. Konfuzius lebte etwa 500 Jahre vor Christi Geburt und hat eine ganze Menge Weisheiten rausgehauen. „Der Weg ist das Ziel" meint hierbei wohl eher, dass es durchaus sinnvoll ist, mit einer gewissen Achtsamkeit durch die Welt zu flanieren. Ein gutes Beispiel für mich ist mein früherer Arbeitsweg.

Hier hatte ich zwei Optionen: 10 Minuten Weg an der Hauptstraße vs. 15 Minuten Weg durch eine Kleingartenanlage. Beide Routen führten mich in 100 % der Fälle ins Büro. Also das Ziel erreichte ich immer, unabhängig vom Weg. Jedoch war die positive Erlebniswahrscheinlichkeit auf der längeren Kleingartenstrecke erheblich größer: hier mal ein Eichelhäher, oder ein Falke, der über der Gartenanlage in der Luft steht und mit den Flügeln schlägt, wie eine perfekt programmierte Flugmaschine. Ein Star, der zum morgendlichen Gesang aus vollster Inbrunst alles gebend losschmettert. Die zauberhaften Farben blühender Tulpen in den Gärten entlang des Schotterwegs. Ein Genuss für die Sinne und eine Wohltat in unserer hektischen Welt. Ich ging in den allermeisten Fällen durch die Gärten. Hier hatte der alte Konfuzius absolut recht. Also alt im Sinne von vor 2500 Jahren. Und alt im Sinne von Weise.

Im Alltag wird diese Weg-Ziel-Diskussion oftmals ein bisschen zweckentfremdet formuliert. Wenn ich nicht ans Ziel komme, ist eben der Weg das Ziel. Wenn ich keine Medaille gewinne, ist eben Dabeisein alles. Wenn ich durchs Physikum falle, habe ich immerhin mal Medizin studiert, habe dann gemerkt, dass es doch nichts für mich ist und habe mich anders orientiert, neu erfunden, dank der tollen Erfahrungen aus dem Medizinstudium, bin ich dann richtig durchgestartet. Der Weg ist schließlich das Ziel. Wir sind ohnehin Weltmeister im Schönreden. Im Grundschulalter bin ich zu einer Geburtstagsfeier bei einem Mitspieler meiner Fußballmannschaft eingeladen worden. Im Rahmen dieser Feier fand ein Bowlingturnier statt. Eine schöne Sache für energiegeladene, präpubertäre Jungspunde. Kugeln (oder wie es beim Bowling korrekt heißen soll „Bälle") eine gefettete Bahn vorzukacheln, mit einem einzigen Ziel: Zerstörung. Maximale Zerstörung. So weit, so gut. Ich war in diesem Sport ein Vollversager. Mein „Futter nicht wert", wie der Müller zum Esel bei den Bremer Stadtmusikanten sagt. Und demnach ging ich unter. Ein Waterloo mit bunten Kugeln. Am Ende wurden die Punkte zusammengezählt (man war bei mir recht schnell fertig) und Urkunden für die teilnehmenden Kinder ausgestellt.

Sechs Kinder nahmen teil, meine Platzierung nur allzu logisch, folgerichtig, verdient. Was glauben Sie, stand auf meiner Urkunde? Gerhard hat es absolut vergeigt, er ist eine Schande für den Bowlingsport? Bitte setzen Sie ihn an einem Autobahnrasthof aus, er ist Deutschlands, ach, was sag ich, Europas schlechtester Bowlingspieler? Nein: Gerhard belegte einen *Ehrenplatz.*

Ein Ehrenplatz klingt, als hätte ich dort entweder alles zerschossen und bin der ungekrönte König des Bowlingspiels, oder als wäre ich aufgrund meines hohen Alters in einer Art Sonderkategorie. So wie ein 82-Jähriger beim Triathlon. Einige Jahre später wurde auf meine Künste in diesem Sport und deren entsprechender Würdigung noch einer draufgelegt. Mit unseren Nachbarn vom Campingplatz trafen wir uns im Winter gelegentlich, aber regelmäßig. Während man den gesamten Sommer, Wochenende für Wochenende nebeneinandersaß, sich über die Hecke zur Nachbarparzelle zuprostete oder Wettbewerbe veranstaltete, wessen Rost schneller brennt (der Rost ist ein thüringischer Begriff für das gebräuchlichere Wort „Grill") und sich einfach regelmäßig sah, wollte man sich auch im Winter treffen. Möchten Sie einmal raten, welcher tollen Freizeitaktivität wir dort immer nachgegangen sind? Lassen Sie mich, einmal in meinem Leben, Günther Jauch spielen. Die 16.000-Euro-Frage lautet wie folgt: Welcher Freizeitbeschäftigung musste der kleine bzw. mittelgroße Gerhard mit den Campingfreunden der Familie im Winter nachgehen? A) Fußball, B) Angeln, C) Bowling oder D) Stadt-Land-Fluss ... Na? Wollen Sie das Publikum befragen? Jemanden anrufen? Müssen Sie nicht! Da ich A, B und D gerne mache und auch halbwegs gut kann, bleibt ja nur C) übrig. Richtig, Bowling. Sehr gut. Dort gab es für mich keinen Ehrenplatz. Ich war einfach ganz normal letzter. Wurde nicht viel drüber gesprochen. Entscheidend war aber ein Preis, den ich im gesamten Bowlingcenter gewonnen habe: An einem Abend wurde ich „Rattenkönig". Nein, ich habe keine Rolle beim Nussknacker bekommen. Dafür reicht mein musikalisch-tänzerisches Talent nicht aus. Außerdem war der böse Widersacher vom Nussknacker der Mäusekönig. Beim Bowling nennt man offenbar einen

Wurf in den Seitenkanal, welcher mit null Punkten verknüpft ist, eine Ratte. Um den Titel Rattenkönig zu erlangen, musste man an einem Samstagabend nur von allen Menschen im Bowlingcenter am häufigsten pro Stunde einen 0-Punkte-Wurf leisten. Also anders übersetzt: maximal schlecht sein. Hierfür erhielt ich einen Preis. Öffentlich, vor allen Bowlingcenterbesuchern. Eine Auszeichnung fürs Verlieren. König der Vollpfeifen. Sogar einen Sachpreis, den ich mir aussuchen durfte. Geil. Das war sicherlich nicht mein Ziel. Aber offensichtlich der Weg ...

Ich sitze auf meinem Sofaplatz. Schaue zum Fenster und lasse mich von den Lichtern des Schwibbogens langsam schläfrig machen. Es ist kurz vor Weihnachten. Absolut nicht mein Lieblingsfest; mein Lieblingsfest ist Halloween: Horrorfilme, viel Essen und meine Ruhe. Weihnachten ist Hektik, zu viel Mittagessen, Gemüse. Auf der 1-bis-10-Besinnlichkeitsskala eine 2,75 – in guten Jahren. Ich mag eigentlich nur die Nussknacker. Auf dem Fensterbrett neben dem Schwibbogen steht „Knacki 3", ein blauer König aus dem Erzgebirge. Ein paar Wochen im Jahr auf dem Fensterbrett neben dem erzgebirgischen Lichterbogen stehen. Licht an, Licht aus. Das restliche Jahr im Pappkarton chillen. Ich bin neidisch auf Knacki 3. Ich stehe kurz auf. Drehe Knacki 3 etwas. Jetzt sieht er den Fernseher nicht mehr. Ich bin hier der Mensch, der Herr im Haus, das „staatenbildende Wesen", wenn man es mit Aristoteles hält. Neidisch auf einen Nussknacker. Dass ich nicht lache! Aber wie komme ich jetzt zurück zum Kern des Kapitels ...

Bernd Stromberg ist ein schlagfertiger Sprücheklopfer. Der von Christoph Maria Herbst gespielte stellvertretende Leiter der Schadensregulierung M–Z begeistert mich seit Jahren. So sehr, dass ich auf Autofahrten eine Zeit lang immer wieder Stromberg-Hörbücher gehört habe. Hieraus entstammt das Zitat: „Das Ziel ist das Ziel", welches bei mir hängen geblieben ist. Sicherlich erläutert Bernd Stromberg in gewohnt etwas plumper, humoristischer Art, was er hiermit meint. Entscheidend ist für mich an dieser Stelle der strombergsche Satz: „Wer nicht ankommt, war nicht da!" Der Korrektheit halber möchte ich den Wortschöpfer,

Ralf Husmann, an dieser Stelle referenzieren, welcher der eigentliche Urheber dieser Gedanken ist. Das Ziel ist das Ziel, der Weg ist nur der Weg – das kollidiert nicht nur verbal mit dem philosophischen Gedanken von Konfuzius. Wie wir vielleicht noch sehen werden, schließen sich beide nicht kategorisch aus.

Ich habe mich bereits sehr früh dazu „entschieden", Zahnmedizin zu studieren. Ich wollte Zahnarzt werden, warum, kann ich nicht genau rekonstruieren. Ich hatte mir in meinem kindlichen Übermut in den Kopf gesetzt, dass es keinen Sinn macht, zur Schule zu gehen, ohne ein klares Berufsziel zu haben. Dieses setzte ich mir also schon vor dem Schuleintritt. Was mich genau zur Wahl des Zahnarztberufes bewogen hat, weiß ich nicht. Mir war jedoch klar: Wenn ich schon in die Schule gehe, brauche ich ein Ziel. Und dieses Ziel heißt Zahnarzt. Keine Diskussion. Natürlich hatte ich auch einen guten Plan B bzw. zwei Pläne B. Auf der einen Seite wäre Schaumspritzer in der Waschanlage ein alternativer Berufswunsch gewesen. Die korrekte Berufsbezeichnung war mir zu dieser Zeit noch nicht bekannt. Ich stellte es mir, aus welchen Gründen auch immer, erfüllend vor, in einer Waschanlage zu arbeiten. Auto kommt, ich kassiere ab, Folie über die Scheibenwischer und dann kommt mein Schaumsprühgerät zum Einsatz. Alles einmal ordentlich einsprühen und ab in den Bürstentunnel. Nächster bitte. Fantastisch. Der zweite Plan B war noch besser: Zirkusdirektor. Ich liebte es schon immer, vor Menschen zu stehen: „Meine sehr verehrten Damen und Herren, herzlich willkommen. Lassen Sie sich begeistern." So hieß es damals noch, ich weiß nicht, ob diese Begrüßung der heutigen Geschlechtervielfalt noch gerecht wird, man möge es dem Kindergarten-Zirkusdirektor meiner Vergangenheit an dieser Stelle bitte nachsehen. Ich war talentiert. Multitalentiert. Ich erinnere mich gerne, wie ich innerhalb einer kindpersonalknappen Vorstellung meinen großen Mehrfacheinsatz ablieferte. Zirkusdirektor, Löwe und Kraftprotz in ein und derselben Vorstellung. Weltklasse. Das war eine von diesen Vorstellungen, wo die anwesenden Kindseltern nicht nur applaudierten, weil sie es mussten. Sondern aus Begeisterung.

Als Hochschullehrer mit Funktion in der Ausbildung von Studierenden, Präventions- und damit vor allem (Zahn-)Reinigungsexperte und Zahnarzt bin ich schlussendlich wahrscheinlich ein bisschen von allem geworden. Mein Ziel war also Zahnarzt. Nicht Schule. Lesen, Schreiben, Rechnen: Mittel zum Zweck, Erforderliches, Weg – nicht Ziel. Der Weg ist eben der Weg, das war zumindest meine Auffassung. Was war die Konsequenz: Übermäßiges Engagement für die Lehrinhalte, insbesondere für alles, was außerhalb der Biologie lag, suchte man bei mir vergebens. Im Gymnasium erfuhr man relativ schnell, dass alles vor der 11. Klasse unerheblich für den Abiturdurchschnitt ist. Folglich galt für mich: „Ein gutes Pferd springt nur so hoch, wie es muss". Dieser Ausspruch wurde dem SPD-Politiker Georg Leber zugeschrieben und passt perfekt zur „Das-Ziel-ist-das-Ziel"-Strategie. Meinen Eltern gefiel das überhaupt nicht. Als ich ein paar Vieren in Englisch und Geschichte hatte, mussten meine Eltern zum Elternsprechtag. Danach bekam ich Stubenarrest. Komische Pädagogik; heute als Hochschullehrer verstehe ich es noch weniger. Die Folge: Ich änderte gar nichts, wurde natürlich trotz der paar Vieren versetzt, irgendwann war ich Zahnarzt und meine Eltern stolz – auf sich, auf ihre exzellente pädagogische Disziplinarmaßnahme, die mich zurück in die Spur gebracht hat. Dafür gibt es einen Ehrenplatz in meinem Buch.

Ich bin heute davon überzeugt, dass mein Lebensweg nicht diesen Erfolg gebracht hätte, wenn ich keine klaren und vorab definierten Ziele verfolgen würde. Jedes Lebewesen strebt nach irgendeinem Ziel. Das Profanste ist wahrscheinlich die Arterhaltung, Fortpflanzung. Ich muss an diesen tanzenden Vogel im Fernsehen denken, der blaue Gegenstände sammelt, um einen Fortpflanzungspartner zu beeindrucken und für sich zu gewinnen. Hier ist der Weg, blauen Müll zu sammeln und neckisch zu drapieren. Das Ziel ist Fortpflanzung. Wäre der Weg das Ziel, würde der Vogel schnell aussterben. Ganz ohne menschliches Zutun. Dann sitze ich bei Sky Nature und frage mich: „Gabs da nicht einen coolen Vogel, der blauen Kram gesammelt hat, dann

noch ein flottes Tänzchen und rumms, vier neue kleine Vogel-
küken unterwegs?" Nicht auszudenken. Wir brauchen, bei aller
Liebe und Begeisterung für den Weg, bei aller Achtsamkeit für
die vermeintlich kleinen Freuden des Alltags, Ziele im Leben.
Peter Holzer, aus meiner Sicht ein herausragender Coach und
Autor, formuliert das als „Horizont". Und ich finde dieses Bild
genial. Auf diesem Horizont befinden sich unsere Ziele, unser
Fokus im Leben. Und wie sich das Leben entwickelt, so entwickeln sich auch unsere Ziele (weiter). Ich denke, wir müssen auf-
passen, dass wir vor lauter Achtsamkeit für den Weg nicht verpassen, zu einem Ziel zu streben. Meine bisherigen Ziele waren
erfolgreiches Studium, Habilitation unter 30 Jahren und 100
internationale Veröffentlichungen. Immer wenn ich eines erreicht hatte, kam ein neues hinzu. Mein Aktuelles heißt: Direk-
tor einer eigenen Abteilung in der Universitätsklinik. (Ob ich
dieses jedoch jemals erreichen kann, steht in den Sternen). Der
Weg zu den Zielen – oftmals hochgradig interessant. Zum Teil
sicher berichtenswert. Tolle Erlebnisse, große Erfolge, schlimme
Niederlagen. Alles Mittel zum Zweck. Sofern mir ein weiteres
Stromberg-Zitat gestattet ist: „Am Ende geht's ums Schnitzel
und nicht ums Schweineschmalz." Auch wenn ich Gefahr laufe,
den veganen Leser an dieser Stelle inhaltlich zu verlieren, finde ich auch diesen Vergleich ziemlich treffend. Mein Studium
war das Schweineschmalz und die Pfanne. Mein erfolgreicher
Studienabschluss: das Schnitzel.

Das Ziel ist das Ziel. Über die Jahre ist dies für mich zu einer Art Leitspruch geworden. Während ich von vielen Menschen
bereits „Der Weg ist das Ziel" wie eine Art Ausrede für Misserfolge oder Aufgabe gehört habe, kehre ich die Perspektive um.
Eine Niederlage? Ein Rückschlag? Na und? – Das Ziel ist das
Ziel. Vor ein paar Jahren saß ich mit meinem Freund und Büropartner in einer Cocktailbar. Es war schon spät, oder anders
gesagt, früh am Morgen. Mein Kollege beugte sich mit seinem
Gin Tonic zu mir rüber und sagte: „Vor einiger Zeit hast du mal
so einen Satz gesagt. Das Ziel ist das Ziel. Dieser Satz hilft mir
wirklich, immer weiterzumachen und nicht aufzugeben." Geht

mir auch so. Es ist natürlich, in uns fest einprogrammiert, dass wir nach einem Ziel streben. Natürlich kann der Weg uns bereichern. Ein Jahr in Namibia, „Work and Travel" oder ein Trip nach Thailand, von den Eltern als Auszeit nach der unmenschlichen Abiturleistung finanziert? Von mir aus. Jakobsweg für Instagram? Meinetwegen. Die Frage: Was ist mein übergeordnetes Ziel? Aus meiner Sicht essenziell. Und für Sie? Haben Sie klare Ziele, einen klaren Horizont vor Augen? Wenn Sie einen Weg gehen, kennen Sie Ihr „Warum"? Das „Wofür"? Und wenn Sie ganz sichergehen wollen, fragen Sie sich selbst, wenn Sie ein Ziel verfolgen, ruhig fünfmal hintereinander „Warum" (leichter ist es, wenn Sie sich dies von jemandem anderen fragen lassen, der nicht lockerlässt). Ich mache dies seither mit jedem Ziel und hätte es vor 27 Jahren auch tun sollen. Aber als sechsjähriger Junge war ich zwar zielsicher, aber doch noch nicht so reflektiert wie heute …

Bild 4: *Das Ziel ist das Ziel. Und es ist wichtig, dass wir uns dieses definieren, es reflektieren und uns unser „Wofür" klar wird. So hat man stets einen Horizont, auf den es gilt hinzuzusteuern.*

Zusammenfassung und Fragen

✓ Es ist wichtig, klar definierten Zielen zu folgen, die man sich vorab definiert hat.

✓ Ziele müssen attraktiv sein. Dahinter verbirgt sich die Frage nach dem „Warum" beziehungsweise dem „Wofür" Sie ein Ziel erreichen wollen.

✓ Hinterfragen Sie ab und an die Attraktivität Ihrer gesetzten Ziele und passen Sie diese gegebenenfalls an.

✓ Genießen Sie den Weg, wenn es sich ergibt, aber verlieren Sie dabei nicht die Ziele aus den Augen. Nutzen Sie niemals „Der Weg ist das Ziel" als Ausrede.

✓ Sie sollten immer mehr gute Ziele haben, als Sie verfehlen können und brauchen immer einen „Plan B", sonst ist es taktisch schlecht.

? Was wird konkret besser für mich sein, wenn ich das Ziel erreicht habe?

? Welche schönen Dinge darf ich auf dem Weg zum Ziel auf keinen Fall verpassen?

? Warum möchte ich genau dieses Ziel erreichen?

? TIPP: Stellen Sie sich bei einem Ziel fünfmal hintereinander die Frage „Warum?", dann werden Sie den wirklichen Kern, den tiefen Beweggrund dafür aufdecken.

KAPITEL 4

Was ist Ihr Motiv?

Sonntagabend, kurz nach halb neun. Kommissar Frank Thiel schleppt sich in St.-Pauli-T-Shirt und Jacke durch das morgendliche Münster. Professor Börne ist schon am Tatort, über eine Leiche gebeugt. Das Mordopfer liegt auf dem kalten, regendurchnässten Boden. Der Kommissar nähert sich, schaut auf das Opfer und fragt: „Wer hat denn ein Motiv, so etwas zu tun?" So oder so ähnlich laufen zahlreiche Dialoge in Kriminalfilmen. Zum Beispiel in meinem Lieblingstatort, aber auch anderswo. Vielleicht kennen Sie die US-amerikanische Serie „Criminal Minds", in der ein ganzes Team an Verhaltensanalysten versucht, die Motive eines Täters zu verstehen. Die Theorie: Finde das Warum, und du findest den Täter. Manchmal träume ich davon, auch Teil eines solchen Teams zu sein. Denn es ist doch die wohl spannendste Frage überhaupt. Warum ...

Hier kommen wir zum Motiv, welches im ersten Moment negativ behaftet daherkommt. Wir verbinden Motive immer mit Mördern, Verbrechern oder anderen Kriminellen. Tatsächlich steckt aber das Motiv in einem der aus meiner Sicht bedeutsamsten Worte, die wir so im Alltagsgebrauch verwenden, nämlich der Motivation. Motive motivieren uns, etwas zu tun. Klingt trivial, ist es aber keineswegs. Denn bevor wir uns näher mit Motivation befassen können, müssen wir auch einen weiteren Aspekt bedenken. Waren Sie schon einmal richtig motiviert, etwas zu tun und haben es dann aber nicht hinbekommen, es zu realisieren. Wenn ich einen Kampfsportfilm im Fernsehen sehe, bin ich danach wahnsinnig motiviert, Kampfsport zu machen. Meinen Körper auf Vordermann zu bringen. Zu innerer Ruhe und wahrer Größe zu kommen. Das Ganze ist in dem Moment noch viel stärker, wenn ich drei Bier getrunken habe. Zugegeben habe ich lange keinen solchen Film mehr zu Gesicht bekommen, aktuell läuft hier, während ich diese Zeilen schreibe, eine Schmonzette. Wo bin ich nur hingeraten? Früher habe ich in einer Nacht alle Rocky-Filme hintereinander durchgezogen. War gebannt von der Emotionalität, der Stimmung, der Energie. Und jetzt? Ein Liebesfilm. Ich gehe vor die Hunde. (Mein Motiv: eine stabile Partnerschaft.)

Aber zurück zum Kampfsportfilm: Ich gehe also nach einem solchen Film voller Motivation, Kampfsportler zu werden, zu Bett ... Morgen suche ich mir eine Kampfsportschule und fange an, ist mein letzter Entschluss vor dem Einschlafen. Am nächsten Morgen hat sich nicht nur meine Motivation halbiert. Nachdem ich (wenn ich es wirklich mache) verschiedene Kampfsportschulen recherchiert habe, die Trainingszeiten mit meinem Arbeitspensum abgeglichen und die Schmerzen in meinem Körper reflektiert habe, geht es immer weiter bergab. Ich spiele vier Minuten mit dem Hund und muss danach das T-Shirt wechseln, bin völlig außer Puste und muss mich eine Weile hinlegen. Fitnesslevel: eine glatte Null. Nichts wird es mit meiner Sport-Trendwende. Der weniger bekannte, aber hochrelevante Bruder der Motivation hat mir erfolgreich ein Bein gestellt – die Volition. Es gibt also bei der Motivation zwei Probleme: Ich muss motiviert sein (Motivation) und ich muss mein Vorhaben auch wirklich realisieren und durchhalten (Volition). Aber der Reihe nach.

„Wenn man meine Motivation in Flaschen abfüllt, dann kommt man in den Knast dafür, wenn man es verkauft", sagte Jürgen Klopp einst bei einer Pressekonferenz. Klopp hat definitiv kein Motivationsproblem und er schafft es, mit seiner Art, andere anzuzünden, mitzunehmen, Motivation zu multiplizieren. Er schafft es, in den Spielern den Glauben daran zu erzeugen, dass diese das Spiel gewinnen. Eine einzigartige Fähigkeit, die Selbstwirksamkeit seiner Spieler zu steigern. In der Realität und im Alltag geht das leider nicht problemlos und auch für Jürgen Klopp ist es eine Mammutaufgabe. Ein täglicher Aufstieg auf den Everest. Ohne Sauerstoff. Und ohne Schuhe.

Bemerkenswert. Motivation anderer ist schwer, die eigene Motivation mindestens genauso.

Wie sieht denn die Theorie der Motivation aus? Keine Angst, ich will hier nicht unnötig Fachwissen um mich werfen. Glauben Sie mir, es ist halbwegs interessant. Es existieren verschiedene Arten von Motiven, die für uns im Leben relevant sind. So gibt es zum einen intrinsische Faktoren, die uns ganz unbewusst und nahezu von alleine motivieren. Manche Dinge tun wir einfach aus dem berühmten Bauch heraus. Hier geht es nicht um die Entscheidung, welche durch sieben Meter Darm getroffen werden, sondern vielmehr um Motive, die wir nicht näher erklären können. Was wir nicht erklären können, schieben wir am Ende gerne dem Bauch in die Schuhe. Dem Bauchgefühl, aus dem heraus wir eine mehr oder weniger gute Entscheidung treffen. Hinterher fallen uns, wie so oft, dann die „guten" Bauchentscheidungen auf. Das haben wir dann einfach intuitiv gemacht. Und dabei richtig. Diesen Teilaspekt können wir wenig steuern. Es gibt jedoch drei andere Motive, die sich recht gut erklären lassen: Macht, Leistung, Anschluss.

Mir fällt es schwer, aus meiner Sicht zu reflektieren, welcher der drei Aspekte das stärkste Motiv darstellt. Es erscheint jedoch logisch, dass dies abhängig von den Rahmenbedingungen, also vom Kontext ist. Ich glaube, im Leben zählt für uns Menschen vor allem die Anschlussmotivation, nämlich die Suche nach sozialen Kontakten, Anerkennung und Verbindung. Als sich der Mensch irgendwann vom Einzelkünstler zum sozialen Netzwerker entwickelt hat, spielte die soziale Interaktion eine besonders große Rolle. Menschen in einer gut aufgestellten, vielseitigen und organisierten Gruppe haben schlichtweg mit höherer Wahrscheinlichkeit überlebt. Und unabhängig davon ist die Chance einer Fortpflanzung nicht unwesentlich höher, wenn man sich mit möglichen Fortpflanzungspartnern umgibt, vielleicht sogar positiv mit ihnen interagiert. Im Zeitalter des Smartphones, der Social Media und der Sucht nach Anerkennung ist die Anschlussmotivation womöglich höher denn je. Wir tun Dinge, aus der Motivation heraus, anderen zu gefallen, anderen zu entsprechen, andere zu beeindrucken. Mir geht es selbst auch ein ums andere Mal so. Womöglich entdecken auch Sie bei sich eine hohe Anschlussmotivation. Es ist natürlich wichtig und gut, soziale Kontakte zu entwickeln, zu pflegen und aufrechtzuerhalten. Die Frage ist dabei jedoch, wie gut Sie diese Motive mit Ihren eigenen Wünschen und Zielen übereinbringen. Gerade bei sozialen Medien möchte ich diesen Aspekt in dem einen oder anderen Fall in Frage stellen.

Machtmotivation ist dagegen eine andere Facette möglicher Motive. Hier geht es um Kontrolle, insbesondere deren Ausübung über andere. Diese Form der Motivation ist nicht unwesentlich verbreitet. Hierfür müssen Sie lediglich einmal in den Kliniken und Universitäten oder in großen Unternehmen nachsehen. Hier geht es mitunter mehr um Kontrolle als um alles andere. Sich stark fühlen, stärker als andere Menschen, auch das ist evolutionär verankert. Wir haben zwei Möglichkeiten: andere besiegen oder sich unterordnen. Und wer ordnet sich schon so wahnsinnig gern unter?

Nummer drei ist die Leistungsmotivation. Hier geht es nicht darum, etwas zu leisten, um Anerkennung von anderen zu bekommen. Das wäre eher ein Anschlussmotiv, bei dem es um Anerkennung und Wertschätzung der Leistung durch andere und damit ein soziales Phänomen geht. Leistungsmotivierte Menschen sind nur durch die Leistung ihrer selbst wegen angespornt. Ich denke hierbei gern an den schwedischen Stabhochspringer Mondo Duplantis. Dieser junge Mann bricht Mal für Mal seinen eigenen Weltrekord um einige wenige Zentimeter. Warum tut er das? Wer oder was motiviert ihn, noch eine Schippe drauf zu legen und sich selbst zu besiegen, obwohl er schon ganz oben steht. Warum tut er dies? Weil es ihn ansport und er von der Leistung angetrieben ist. Er macht es nicht für den Stabhochsprungsport, nicht für die Zuschauer, sondern für sich.

Drei Grundformen von Motiven, die jeder von uns hat. Unterschiedlich stark dominieren einzelne Formen bei jedem von uns. So gibt es Menschen, die schwerpunktmäßig anschlussmotiviert sind, was nicht heißt, dass sie in bestimmten Aspekten oder Situationen nicht auch macht- und/oder leistungsmotiviert sein können. Ob uns vor diesem Hintergrund nunmehr etwas motiviert und dazu führt, dass wir ein Ziel realisieren möchten, hängt von zwei Faktoren ab. Erwartung und Wert; genau genommen, wird es als Produkt von Erwartung und Wert beschrieben, ob wir motiviert sind, etwas zu tun. Die Erwartung ist dabei jene, die wir an das Ergebnis haben. Anders gesagt, ob wir glauben, dass wir etwas schaffen können. Hier bewerten wir die Erfolgsaussichten einer Situation. Der Wert ist die Bedeutung, die eine entsprechende Zielerreichung für uns hat. Wenn es für mich einen irrsinnig hohen Wert hätte, die Goldmedaille im Marathon zu gewinnen, wäre ich dennoch nicht motiviert, für Olympia zu trainieren, da ich keine Erfolgsaussicht für dieses Unterfangen sehen würde (ich habe einfach nie den Körper eines Läufers gehabt).

Ich erinnere mich an ein Dorffest zur Zeit meiner Kindheit. Es gab dabei eine Station, bei der es darum ging, eine Stange emporzuklettern, um sich, oben angekommen, eine Wurst abzuschneiden und diese als Preis zu erhalten. Ich konnte zeitlebens keine Stange hochklettern. Ich habe zu Grundschulzeiten im Sportunterricht wie der berühmte nasse Sack an der Stange geklebt und leider niemals die Höhe für die Fünf minus an der Kletterstange erreicht. Die Erfolgsaussicht beim Wurst-Erklettern war entsprechend vernichtend. Allerdings war, aus welchen Gründen auch immer, der Wert eines solchen Wurstgewinns schier unermesslich für mich. Ich weiß heute nicht mehr, warum es für mich dergestalt bedeutsam war, eine Wurst zu gewinnen. Sie war nicht mal besonders, am Ende sogar eine Jagdwurst, die ich überhaupt nicht aß. Aber ich ging an den Start. Ich kämpfte und versuchte krampfhaft meinen kleinen, nicht gut austrainierten Körper die Stange hinaufzuwuchten. Geschah dann ein Wunder? Habe ich es geschafft, ungeahnte, wahnsinnige Kräfte zu mobilisieren und bin die Stange emporgeschossen, wie eine galante Baumschlange? Habe ich dort die Show des Jahres abgerissen? Natürlich nicht. Ich hing genauso hilflos an der Stange wie in der Turnhalle. Ich konnte die Regeln der Physik nicht ausheben. Nicht alleine zumindest. Aus Mitleid half mir die Standbetreiberin und hievte mich die Stange hoch. Damit hatte ich nicht kalkuliert. Es gibt also noch etwas, was eine Rolle spielt, bei der Zielrealisierung: Glück ...

Sie haben nun einige wesentliche Aspekte zum Thema Motive und Motivation kennen gelernt und ich weiß, dieses Kapitel ist über weite Strecken ziemlich trocken. Ich will Sie daher gar nicht mit zu viel weiterer Theorie langweilen. Gehen wir lieber noch einmal praktisch auf das Thema Motivation ein. In meiner Arbeit in der Studierendenausbildung wird von Kollegen häufig über die fehlende Motivation der Studierenden gesprochen. Natürlich wird das alles immer schlimmer, früher war alles besser, die Studenten werden heutzutage stetig dümmer, fauler und unmotivierter. So der Konsens. Nur wir sind natürlich dieselben Motivationswunder. Die Jürgen Klopps der Hochschullandschaft. Ich frage mich dann immer, wie wir eigentlich eine Gruppe junger Menschen motivieren wollen, die wir dergestalt beschreiben ... aber sei es zunächst drum. Wichtiger ist mir die Frage: „Kann ich einen Menschen überhaupt motivieren?" – Ich glaube, das muss man mit einem gnadenlosen „Nein" beantworten. Ich habe nicht die Macht, die Motive eines Menschen zu manipulieren oder so zu lenken, dass diese sich verändern. Ich kann maximal die Aufmerksamkeit von Personen lenken, vielleicht dabei helfen, den Wert zu zeigen, zu untermauern und dadurch zu erhöhen. Ich kann jemanden bestärken, etwas zu tun, aber das hat nur einen geringen Einfluss auf die Ergebniserwartung. Beginnen wir doch daher lieber bei uns selbst. Unterziehen wir unsere Motive einem Check. Fokussieren wir uns auf unsere Zielerreichung. Und wenn die Wurst zu hoch hängt, aber attraktiv ist, holen wir uns Hilfe, um sie zu erreichen. Wie der kleine Junge beim Dorffest.

Kommen wir zum Abschluss dieses Kapitels noch kurz zur Volition. Das Realisieren und Aufrechterhalten, also der Schritt, der auf die Motivation folgt. Eine enorme Herausforderung, denn wir brauchen Ausdauer und immer wieder neue Motivation. Ein gutes Beispiel dafür ist dieses Buch. Den Wunsch und damit die Motivation ein Buch zu schreiben habe ich schon seit über 10 Jahren. Ein Lebensratgeber, eine Art Mischwerk aus Autobiografie, Spaß, Geschichten, Wissen und Lebensweisheiten. Ich schiebe dies schon seit mehr als einer Dekade vor mit her. Der Prozess dauert nunmehr auch schon länger als ein Jahr, mit langen unproduktiven Phasen, nah an der Kapitulation. Es braucht einen Schub, damit wir aus Motiven Taten machen. Die sogenannte Überschreitung des Rubikon. Wie Cäsar einst im Jahre 49 vor Christus, als er ebenjenen Rubikon in Norditalien überschritt. Diese gesetzeswidrige Grenzverletzung bedeutete unwiderruflich Krieg, war also unumkehrbar. Dies nutzt man nunmehr in der Psychologie gern als Metapher, um die Grenze zwischen Motivation und Handlung zu illustrieren.

Bild 5: *Um unseren Motiven zu folgen und diese in eine Handlung umzusetzen, müssen wir im übertragenen Sinne einen Fluss überqueren. Dieser kann durchaus hindernisreich und schwer zu überwinden sein, wie dieser im Bild (auch wenn es nicht der Rubikon ist).*

Ich habe für dieses Buch mehrfach den Rubikon überschreiten müssen. Zuerst diente es mehr der Ablenkung von aktuellen Problemen. Ein großer Sprung über den metaphorischen italienischen Fluss war, auch wenn es im ersten Moment paradox klingen mag, eine Burn-out-Erkrankung. Der zweite bemerkenswerte Punkt waren Geschichten, die ich erlebt habe und die eigentlich exzellentes Material für den *Stern* oder andere Pressevertreter wären. Jedoch erzählt diese Dinge niemand. Erschreckend und daher eine regelrechter Schubser für mich über den Rubikon. Sie sehen, lieber Leserin, lieber Leser, Motivation ist etwas Spannendes und Motivation allein führt noch nicht zur Zielerreichung. Womöglich ist der, in diesem Kapitel nicht zuletzt wegen meiner enormen Hochachtung vor seiner Persönlichkeit und Leistung mehrfach erwähnte Trainer Jürgen Klopp gar kein Motivator, sondern ein Brückenbauer. Er baut seinen Spielern Brücken über den Rubikon, schafft also, den Übergang von Motivation zu Handlung zu erleichtern. Ich glaube, an Motivation mangelt es im Champions-League-Finale kaum einem Spieler. Gewinnen kann es doch Jahr für Jahr immer nur eine der beiden Mannschaften. Diejenige, die entschlossener agiert, nämlich ihre Motivation in Handlungen überträgt.

Ich wünsche Ihnen, dass Sie möglichst leichtfüßig über den Fluss in Ihrem Inneren hüpfen können und dies dann auch zu einer Handlung entsprechend Ihren Kernmotiven führt. Die beste Motivation nützt nichts, wenn wir nicht zu einer Handlung kommen. Wenn wir uns nicht trauen, den entscheidenden Schritt dafür zu tun, bleiben Motive nur Motive, gefangen in uns und unnütz. Daher möchte ich dieses Kapitel mit einem Zitat von Rabindranath Tagore abschließen: „Du kannst einen See nicht dadurch durchqueren, dass du nur dastehst und auf das Wasser schaust." – Das gilt wohl auch für unseren inneren Rubikon.

Zusammenfassung und Fragen

- ✓ Motive bewegen uns dazu, Dinge zu tun und Ziele erreichen zu wollen.
- ✓ Es existieren verschiedene Grundtypen, Anschluss-, Macht- und Leistungsmotivation.
- ✓ Motivation ergibt sich aus dem Produkt von Erwartung und Wert. Je höher der Wert eines Ziels und je realistischer dessen Umsetzung, desto höher wird Ihre Motivation sein.
- ✓ „Jemanden motivieren" ist nicht möglich. Ich kann nur eine Hilfestellung liefern, dass ein andere die Dinge erschließt, die ihm wichtig sind und seine eigene Motivation entwickelt.
- ✓ Wenn wir Motive in eine Handlung umsetzen wollen, müssen wir einen Fluss überschreiten. Dies kann durchaus ein reißender Gebirgsfluss sein.

- ? Was verspreche ich mir davon, wenn mir die Umsetzung dieses Vorhabens gelingt?
- ? Wie hoch ist die Erfolgswahrscheinlichkeit dieses Vorhabens?
- ? Was ist wirklich mein innerer und tiefer Antrieb für das Vorhaben?

TIPP: Analog zum vorherigen Kapitel bietet sich auch hier nochmals die mehrfache Frage nach dem Warum an. Motive und Ziele gehören eben oftmals eng zusammen.

KAPITEL 5

Ist Ehrgeiz geil?

Wer erinnert sich nicht an die Saturn-Werbung, welche bereits 2002 über die Fernsehbildschirme der Nation (und übrigens auch im gesamten DACH-Raum) hallte. Ziemlich gut erinnert sich mein Gehör noch an die gellende Frauenstimme, die diesen, aus meiner Sicht brillanten, weil unglaublich eingängigen Slogan heraustrompetete. Dabei ist Geiz etwas absolut negativ konnotiertes, nämlich das knauserige Zusammenhalten des eigenen Besitzes mit dem Ziel, den eigenen Reichtum zu erhalten bzw. zu vergrößern. Hier geht es so ziemlich um das Gegenteil von Altruismus. Dem Geizkragen liegt das Wohlergehen anderer nicht unbedingt am Herzen. Einer der einprägsamsten Geizhälse in der Literatur ist Ebenezer Scrooge aus Charles Dickens „Eine Weihnachtsgeschichte". Scrooge hatte für Weihnachten und alles damit Verbundene, insbesondere in Bezug auf Großzügigkeit gegenüber seinen Mitmenschen nichts übrig. Außer das klangvolle Wort „Humbug". Erst durch die drei Geister wurde sein erbittertes Herz so langsam erweicht. Führte am Ende die Konfrontation mit dem eigenen Ableben durch den Geist der gegenwärtigen Weihnacht gar zum völligen Sinneswandel. Tja, „Geiz ist geil" ist offenbar Ansichtssache. Für den Geizhals sicherlich vorteilhaft. Für seine Mitmenschen eher toxisch. Deswegen spaltete oben genannte Werbung die Menschen wohl wie selten ein Slogan zuvor.

Wie ist das mit dem Ehrgeiz? Von der Wortherkunft haben wir es mal wieder mehr oder weniger mit dem Mittelalter zu tun. Die Althochdeutschen êre (Ehre) und gîte (Gier) bilden ein klangvolles Wort für das Streben nach Anerkennung, Erfolg und Macht. Niccoló Machiavelli schrieb vor mehr als 500 Jahren das Buch „Der Fürst". Eine Art Handbuch zur Beschreibung des absolutistischen Herrschers. Das beste Beispiel für diese Art von Fürst ist Ludwig der XIV., der Sonnenkönig und Herr des Prunkschlosses in Versailles. Machiavelli beschreibt Ehrgeiz ausgesprochen interessant. „Wenn die Menschen einmal nicht aus Not zu kämpfen brauchen, so tun sie es aus Ehrgeiz, denn dieser ist in der Brust eines jeden Menschen so mächtig, dass er ihn nie verlässt, wie hoch er auch steigen mag." Zugegeben, ein etwas kompliziertes und klumpig anmutendes Zitat. Spannend ist jedoch, welche profunde Bedeutung Ehrgeiz im menschlichen Wesen zu haben scheint. Das Streben nach mehr. Mit aller Gewalt, zur Not durch Kampf, für immer. Egal, was man erreicht hat, führt Ehrgeiz immer dazu, dass man eine Stufe mehr erreichen will, vielleicht gar erreichen muss. Auch wenn Machiavelli spätestens durch den Anti-Machiavelli von Friedrich dem Großen ziemlich ausgehebelt wurde und heute auch nicht mehr zeitgemäß daherkommt, scheint eine gewisse negative Konnotation von Ehrgeiz nach wie vor oder vielleicht sogar heute mehr denn je vorzuliegen.

Dies lässt sich auch durch einen der bedeutendsten deutschen Philosophen, Immanuel Kant, belegen. Dieser spricht von Ehrsucht. Vor diesem Hintergrund lässt sich durch die Verwendung des Wortes Sucht nochmal ein anderer Blick auf Ehrgeiz gewinnen. Sucht wird, sicherlich in einem anderen Kontext, von der Weltgesundheitsorganisation WHO folgendermaßen definiert: „Zustand periodischer oder chronischer Vergiftung, hervorgerufen durch den wiederholten Gebrauch einer natürlichen oder synthetischen Droge". Vergiftung ist im Kontext der Ehrsucht sicherlich nicht im biologischen Sinne zu verstehen. Vielleicht lässt es sich eher als eine Fokussierung formulieren. Ebenfalls geht es nicht um den Gebrauch einer Droge im eigentlichen Sinne. Eine angepasste Definition von Ehrsucht könnte also beispielhaft lauten „Zustand periodischer oder chronischer vollständigen Fokussierung und Ressourcenverwendung durch das unbedingte Streben nach einer Vergrößerung des persönlichen Erfolgs und/oder Fortschritts". Bis hierhin ist die gedankliche Herangehensweise sehr theoretisch. Dennoch könnte man hieraus vermuten, dass Ehrgeiz etwas Schlechtes ist. In der Gesellschaft der „Chiller" und Achtsamen mag so mancher eher für seinen Ehrgeiz belächelt, oder gar agitiert werden. Ehrgeiz und Altruismus bleiben auch nach dem Jahr 2000 noch in gewisser Weise Gegensätze.

Seit ich mich erinnern kann, war ich in meinem Leben ehrgeizig. Ich wollte etwas erreichen. Wollte besser sein. Ich komme aus relativ einfachen Verhältnissen. Plattenbauwohnung, aufs Geld achten. Selbst bei den einfachsten Sachen mussten wir in meiner Kindheit sehen, wie wir gut über den Monat kommen. Sparsam sein. Genügsam sein. Ich kann nicht sagen, dass wir arm waren, auch wenn der Verdienst meiner Eltern mit Sicherheit unter der definierten „Armutsgrenze" lag. Ich hatte keine Akademiker in der engeren Familie, war gar der Erste mit den Ambitionen Abitur zu machen. Etwas Tolles. Aber auch irgendwie eine Last. In verschiedenen Bereichen hat mich der Ehrgeiz begleitet. Zum Beispiel im Sport. Als ausgewiesener sehr schlechter Verlierer wollte ich immer das Maximum erreichen. Leider war ich nicht mit einer Sportlerphysiologie gesegnet. So blieb mein sportlicher Ehrgeiz ein Stück weit wirkungslos. In der Kindheit und frühen Jugend versuchte ich mich beim Fußball. Ich spielte nahezu jeden Tag, meist alleine. Trainierte mit dem Ball, stellte mir in meiner Fantasie vor, in einem Bundesligaverein zu spielen. Der Wäscheplatz hinter dem Haus wurde in meiner Fantasie zum Dortmunder Westfalenstadion. Fünf Tore gegen Oliver Kahn – kein Problem. In der Realität reichte es, auch aufgrund mangelnder Kondition und der Tendenz zum Übergewicht dann doch eher bloß zu gelegentlichen Toren in der Bezirksklasse. Mal ein Treffer gegen Schmölln, ein Tor in der Verlängerung im Stadtpokal Halbfinale gegen VFB Gera. Später versuchte ich es im Handball – ebenfalls ohne nennenswerte Erfolge. Ich war einfach 15 cm zu klein, zu langsam, hatte zu wenig Kondition und konnte kaum höher als ein Bierdeckel springen. Schlechte Voraussetzungen für einen Spitzensportler.

Als ich nach Leipzig kam, versuchte ich mich weiter im Kraft-Dreikampf, bestehend aus Bankdrücken, Kniebeugen und Kreuzheben. Sieben Tage Training in der Woche, ein strikter Ernährungsplan. Das ganze Leben außerhalb des Studiums war nur auf den Sport ausgerichtet. Vollkommen fokussiert. Und vollkommen erfolglos. Dennoch war das eine spannende und persönlich erkenntnisreiche Zeit in meinem jungen Leben. Das Gefühl, über 100 Kilo nach oben zu drücken. Der Schmerz in den Beinen – „no Pain, no Gain". Die interessanten Gespräche, denen ich lauschen durfte. Darüber, wo es am besten wäre, sich die Steroide zu spritzen. Nicht dem Wortlaut des damaligen Bodybuilders folgend ist dies übrigens der Musculus gluteus maximus (oder auch anders gesagt: das Gesäß). Auch ein eigenes Vokabular, welches ich nur schrittweise entschlüsseln konnte, bereicherte meinen Alltag. Zum Beispiel, dass man immer absolut weak und skinny bleibt, wenn man den leg day skippt. Gerade wenn man in der Massephase ist. Man ist nahezu enttäuscht, wenn man erfährt, dass dies bedeutet, man muss die Beine mittrainieren, damit der Muskelaufbau gut funktioniert. Eine Ernährungswelt der Extreme gehörte auch dazu. Low Carb, und bei mir als Student, der weniger als den (damaligen) Bafög-Regelsatz zum Leben hatte, auch Low Budget. Bedeutet gefrorene Hähnchenbrust stapelte sich in meinem Tiefkühlfach wie die Steine für den Bau einer Pyramide. In Ägypten hätte das sicherlich nicht funktioniert. Die Cheopspyramide aus gefrorener Putenbrust ... das hätte schon beim Bau aufgrund der geringen Halbwertszeit bis zum Zerfall zu statischen und hygienischen Problemen geführt. Magerquark vor dem Schlafengehen. Einmal „Refeed", was auch nur so viel heißt wie „sich den Wanzt vollhauen", um die Kohlenhydratspeicher einmal vollzupacken. In einem Fitnessstudio sieht man Resultate von Ehrgeiz. Extremer Ehrgeiz führt zu extremen Körpern, extremen Leistungen. Der Kraftsport war auch für mich eine Sucht. Zweimal täglich ins Studio. Trotz Infekt auf die Hantelbank? Natürlich. Der Trainingsplan muss erfüllt sein.

Irgendwann setzte sich die chronische Erkrankung bei mir durch, zwang mich in die Knie und ich ließ den Sport bleiben – und fokussierte meinen Ehrgeiz zu einer wahrhaftigen, anderen

Sucht. Plötzlich galt mein gesamter Ehrgeiz, mein vollumfängl=
liches Streben dem Studium. Ich machte das, was ein Vollzeit-
student gewöhnlich nicht macht. Ich studierte Vollzeit. Jeden
Tag mindestens acht Stunden lernen, durchgehend auch in der
vorlesungsfreien Zeit. Jedes Lehrbuch wieder und wieder lesen.
Die Ergebnisse sprachen für sich, exzellentes Physikum, exzel=
lentes Staatsexamen, Stelle an der Uniklinik. Vom Ehrgeiz, von
der Sucht nach Anerkennung und Erfolgen mit Vollgas durch
die Zahnmedizin. Keine Zeit für Pausen, Urlaub oder das Feiern
von Erfolgen. Linke Spur. Gaspedal durchgetreten. Lichthupe
und Blinker links. Warnung: Bitte beachten Sie die Geschwin=
digkeitsbegrenzung aufgrund einer chronischen Systemerkran=
kung. Menü ... Alle Meldungen ausstellen ... Gute Weiterfahrt.

Ich muss kurz abschalten. Diese ehrliche Auseinandersetzung
mit mir selbst ist anstrengend für den Geist. Ein junger Mann
in Rostock, Groß Klein, reißt im Fernsehen die Tür seines Kü=
chenschrankes ab. Er setzt sie wieder an den Schrank an. Und
reißt sie ein zweites Mal ab. Ich muss lachen. Der nette Herr im
Fernsehen wird sich nicht die Frage stellen, ob Ehrgeiz nun geil
ist – oder toxisch. Ich schon. Ich habe schon einen großen Latte
Macchiato getrunken. In einem Kaffeeladen direkt in dem Car=
ree in dem meine Mietwohnung liegt. Ich finde den Laden et=
was gewöhnungsbedürftig, ist aber heute modern. „Shabby chic"
nennt man das heute. Manchmal komme ich mir wie mein ei=
gener Großvater vor. Irgendwie falsch in dieser Zeit, in der für
mich eine Vielzahl der Sachen kaum einer nachvollziehbaren
Logik folgt. Wyld, wie die Jugend dazu sagt. Wenn ich so nach=
denke, ist dieses Buch zu schreiben für mich persönlich eine grö=
ßere und wirkungsvollere Psychotherapie als eine Psychothera=
pie. Da ich aufgrund meiner chronischen Erkrankung bereits
derartige Therapien erlebt habe, erlaube ich mir dieses Urteil.
Keineswegs möchte ich aber den Nutzen und die Sinnhaftigkeit
von Psychotherapien anzweifeln. Ich habe mich jedoch noch nie
so gut verstanden, wie ich es beim Schreiben dieses Buches tue.
Der Mann im Fernsehen hat jetzt die Zerstörung der Küche be=
schlossen. Alles, was kein Elektrogerät ist, wird zertreten. Eine

Schranktür war kaputt, nun kommt die Küche eben raus. Ohne Schränke ausräumen, ohne neue Küche, ohne für mich als Zuseher nachvollziehbarem Plan. Konsequent. Eine Geschichte, die auch gut in ein anderes, noch folgendes Kapitel passen würde.

Ob Ehrgeiz geil ist, kann nur jeder für sich selbst beantworten. Ich glaube, Ehrgeiz ist eine unbedingt erforderliche Bedingung zur Erreichung von Zielen. Der Lateiner würde es eine conditio sine qua non für die Erreichung eines ambitionierten Ziels bezeichnen. Und Ehrgeiz ist eine Sucht. Als sogenannter Workaholic bin ich mir dessen schmerzlich bewusst. Wenn das Ziel das Ziel ist, dann ist Ehrgeiz geil. Wenn der Weg das Ziel ist, ist Ehrgeiz toxisch. Fraglich, wie dort ein Mittelweg gelingen kann. Ehrgeiz kann gefährlich sein, schädlich für das Umfeld und für einen selbst. Am Ende doch ganz ähnlich wie bei Scrooge in der Weihnachtsgeschichte. Bis wir aufwachen – oder der große Vorhang fällt. Ich warte noch auf den Geist der zukünftigen Weihnacht. Vielleicht finde ich ihn in diesem Buch. Die Worte Heinrich von Kleists sollten eigentlich Mahnung genug sein: „Ach, der unselige Ehrgeiz, er ist ein Gift für alle Freuden." – Und wer will schon ein freudloses Leben?

Zusammenfassung und Fragen

✓ Ehrgeiz ist ein zweischneidiges Schwert, wobei der Grat zwischen Nutzen und Schaden mitunter schmal daherkommt.

✓ Positiv eingesetzt hilft uns Ehrgeiz, ambitionierte Ziele zu stecken und zu erreichen.

✓ Insbesondere im Hinblick auf Konsequenz und Disziplin ist Ehrgeiz ein Schlüssel zu Aktivierung von Ressourcen.

✓ Wird Ehrgeiz zur Ehrsucht, kann er einen Menschen bestimmen und in einen negativen Kreislauf hineinziehen. Dieser wird durch übertriebenen Ehrgeiz nicht nur aufrechterhalten, sondern noch verstärkt.

✓ Es ist wichtig, dass Leben vor lauter Ehrgeiz nicht zu verpassen.

? Wo hilft es mir, ehrgeizig zu sein, und welche Ressourcen kann ich dadurch besser aktivieren?

? In welchen Situationen hat mich mein Ehrgeiz am Ende daran gehindert, meinem Ziel näher zu kommen, oder mich dabei unnötig belastet?

? Welche schönen Dinge würde ich verpassen, wenn ich genauso wie bisher weitermache?

KAPITEL 6

Warum sind wir eigentlich nicht konsequent?

„Die Menschen mögen Daunen." Ich sitze vor dem Fernseher und verfolge gespannt, was das Programm im Zweiten hergibt. Ein versierter Tierarzt, seines Zeichens Gutachter für Nutzgeflügel, kommentiert Videomaterial, welches PETA geliefert hat. Es wird relativ schnell deutlich, dass die Zertifizierung der Tierstandards nicht wirklich dazu führen, dass kein Tierleid entsteht. Zertifizierung führt, wenn man den Worten einer Frau, die sich offenkundig damit auskennt, folgt, lediglich dazu, dass ein Minimum an Tierwohl gewährleistet ist. Mir kommen an diesem Punkt zwei Gedanken. Zum einen zweifle ich die Sinnhaftigkeit von Zertifizierungen an. Interessanterweise ist dies offenbar das Beste, was den Menschen einfällt. Wir sind (auf dem Papier) die intelligenteste und am besten angepasste Lebensform. Wir hauen unseren aktuell einzigen verfügbaren Lebensraum kaputt. Beuten die Tiere aus; die wir nicht ausbeuten können, vernichten wir. Irreversibel, also unwiderruflich. Und was fällt uns ein? Die „beste" Lösung von Individuen, die imstande sind in den Weltraum zu fahren? Zertifizierungen. Ich bin beim besten Willen weit davon entfernt, mich wirklich glaubhaft für die Umwelt, das Klima oder die Nachhaltigkeit zu engagieren – sollte dies aber unbedingt tun. Wir achten immerhin inzwischen auf Palmöl. Also besser gesagt auf die Vermeidung von Palmöl. Der Hintergrund ist die Vernichtung von Lebensraum für Orang-Utans durch Brandrodung. Soweit die Kurzfassung. Verzicht auf Palmöl bedeutet: kein Nutella. Der Aufstrich, der nach Zucker, Nougat und vor allem Kindheit schmeckt. Und es fällt uns schwer. Eigentlich ein Unding.

Und hier möchte ich überleiten, zum zweiten Gedanken, der wesentlich für dieses Kapitel ist: Warum sind wir eigentlich nicht *konsequent?* Konsequent leitet sich, wie so häufig aus dem Lateinischen ab. Wenn man sich über Wortherkunft und Bedeutung Gedanken macht, stößt man praktisch immer auf Latein, Griechisch oder Mittelalter. Das finde ich mal konsequent. Wie auch immer kommt konsequent von „consequens" = folgerichtig beziehungsweise „consequi" = erreichen, einholen, folgen, logisch folgen. Im Grunde bedeutet, konsequent zu sein, dass man etwas unbeirrbar, oder mehr alltagstauglich zu 100 % verfolgt. Nicht 72 %, nicht 86 %, nicht 99 % – nein 100 %, alles, das Maximum! Mehr geht nicht. Wenn ich konsequent handle, mache ich keinen Kompromiss. Keine Verhandlung. Kein Vielleicht. Beispiele gefällig? Los geht's:

I Papst Franziskus und die WM

Als Papst Franziskus noch nicht Papst Franziskus hieß, sondern Jorge Mario Bergoglio, schaute der Fußballfan das WM-Finale am 8. Juli 1990. Hier standen sich Deutschland und Argentinien im Stadio Olympico im italienischen Rom gegenüber. In der 85. Minute war es dann so weit. Andy Brehme schießt per Elfmeter nicht nur den Ball zum spielentscheidenden Treffer ins Tor, sondern trifft auch ins Herz aller argentinischen Fußballfans. So traf dies auch den heutigen Papst Franziskus mit voller Härte und löste große Trauer aus. Dieser war wiederum dergestalt niedergeschlagen, dass er daraus seine Konsequenzen zog. Er hätte jetzt entscheiden können, vielleicht keine WM-Spiele mehr anzusehen, keine Spiele von Argentinien, keine Finalspiele, vielleicht sogar keine Fußballspiele oder kein Sport. Aber die Entscheidung sollte die 100-%-Stufe der Konsequenz erreichen. Jorge Mario Bergoglio gab eine Woche später das Versprechen ab, nie wieder Fernsehen zu schauen. Das nenne ich mal konsequent. Argentinien verliert und bums – nie wieder „Wer wird Millionär", nie wieder „Wetten, dass", nie wieder „Hartz und Herzlich". Verpasst Papst Franziskus deswegen den argentinischen WM-Triumph, über 30 Jahre später in Katar? Sieht nicht live, wie Lionel Messi den Pokal in den katarischen Nachthimmel emporhebt? Nach packenden 120 Minuten plus Elfmeterschießen ... Ja, klar – versprochen ist versprochen. Konsequent. Ich finde diese Form der Klarheit und entsprechender Handlungsbereitschaft beispielhaft. Wären wir in Umwelt- oder Tierschutzfragen derart konsequent, wäre die obige Zertifizierungsfrage wohl längst anderweitig geklärt.

II Der schmutzigste Mann der Welt

„Amou Haji" wurde 94 Jahre alt. Im südiranischen Dedschgah führte dieser Mann ein besonderes Leben. Bekannt wurde er als „der schmutzigste Mann der Welt". Warum? Weil er jede Form der Körperpflege aus gesundheitlichen Gründen ablehnte. So soll er sich über Jahrzehnte nicht gewaschen haben. Vielmehr lebte er ein Einsiedlerleben in einer kleinen einfachen Ziegelhütte. Die Überlieferungen lesen sich vielmehr fast wie ein Mythos. So soll er überfahrene Tiere gegessen und sogar Tierexkremente geraucht haben (für Letzteres mag mir auch bei intensivstem Nachdenken kein Grund einfallen). Wenngleich sein Einsiedlerleben wahrscheinlich einen traurigen Hintergrund hatte, war er in diesem konsequent. Seine Überzeugung, dass es ihn gesund erhält, reichte offenbar aus, um ihn bis in das stolze Alter von 94 Jahren zu tragen. Man mag über diese Geschichte unterschiedlicher Ansicht sein. Ich stelle mir vor, dass dieses Leben nicht unbedingt herausragend war. Auch stelle ich mir vor, dass die anderen Bewohner des Ortes nicht immer positiv mit dem schmutzigsten Mann der Welt umgegangen sind. Trotz aller Umstände blieb er zwei Sachen: schmutzig und konsequent. Das Paradoxe: Eine Weile vor seinem Tod wurde er offenbar von seinen Nachbarn zur Körperpflege in einer Nasszelle überredet. Aus medizinischer Sicht kann man hier nur schwer einen Kausalzusammenhang sehen, auch wenn ich auf einer Dienstreise in London einmal eine Nasszelle als Badezimmer hatte, welche durchaus Tötungspotenzial hatte. Dennoch könnte der Bruch in seiner Konsequenz etwas an seiner Gesundheit, an seiner Widerstandsfähigkeit oder auch nur an seinem Glauben in die eigene Unzerstörbarkeit beeinflusst haben. Ich finde die Geschichte interessant. Ich habe für ein Forschungsprojekt kurzzeitig wenige Tage auf das Zähneputzen verzichtet. Eine harte Überwindung, die auch in meinem direkten Umfeld nicht voller Freude wahrgenommen wurde.

Ich stehe kurz auf. Gehe zum Küchenschrank. Im Nutellaglas ist noch ein kleiner Rest. Wir haben es als wir an Corona erkrankt waren gekauft. Um moralisch dabei zu bleiben. Es war eine Ausnahme und ist das größte Nutellaglas, dass es zu kaufen gibt. Im Vergleich zum Papst oder zum schmutzigsten Mann der Welt ist unsere Konsequenz nicht gerade bewundernswert. Immerhin habe ich eine Orang-Utan-Urkunde mithilfe einer Spende an WWF erworben. Fürs Gewissen. Ich schaue zum Bücherregal, in dem die Urkunde etwas informell an die Bücher gelehnt ist. Ich fühle mich besser und setze mich wieder hin.

Ich frage mich, ob es wirklich Konsequenz ist, was uns fehlt. Konsequenzen werden doch häufig auch negativ konnotiert. Ich habe selbstverständlich in meinem Leben auch negative Erfahrungen mit Konsequenz gemacht. Das beste Beispiel und gleichzeitig eine emotionale Narbe in meinem Leben ist der Weihnachtsmann. Ja, ich meine den Weihnachtsmann. Den großzügigen Geschenkebringer im roten Mantel, mit einem langen weißen Bart. Der Mann, der ein dickes Buch besitzt, in dem detailgetreu geschrieben steht, wer alles „artig" war – und wer nicht. Den logistischen Aufwand dieser Buchführung für die gesamte Welt wird nur dadurch getoppt, dass der Weihnachtsmann an Heiligabend zu jedem Kind kommt. Alleine bei mir war der Weihnachtsmann mindestens eine halbe Stunde. Eine Million Kinder bedeutet eine halbe Million Stunden Arbeit. An einem Abend. Gleichzeitig. Ich komme mir heute direkt etwas dämlich vor, dass ich das zu dieser Zeit nicht mal im Ansatz hinterfragt habe. Aber als Erstklässler, in einem kleinen Hemd, mit einer Krawatte hatte ich in diesem Moment nur eins: Angst. Ich würde retrospektiv sagen, dass ich ein gutes Kind war. Es gab in der Summe wenig seriöse Probleme. Ich ging zur Schule, schlug mich dort passabel und verursachte in meiner ungewöhnlich detaillierten Erinnerung keine Schwierigkeiten. Natürlich hätte jetzt der Weihnachtsmann kommen können. Ein

Sack Geschenke für den kleinen Gerhard, bitte schön, bist ein guter Junge, mach weiter so, du wirst mal Hochschullehrer oder Feuerwehrmann, oder könntest, wenn du ganz konsequent bist, in 88 Jahren der schmutzigste Mann der Welt sein. Aber nein. Denn ich aß kein Gemüse. Warum? Weil Gemüse furchtbar ist. Vieles davon schmeckt bitter oder komisch süßlich oder einfach nur nicht gut. Jedenfalls war dies meine Achillesferse. Der große Senffleck mitten auf dem weißen Hemd meines jungen Lebens. Der kleine, aber nicht übersehbare Kratzer im Lack eines ansonsten makellosen Kraftfahrzeugs. Der Mängel, welcher Konsequenzen hatte. Und so war es an diesem einen 24. Dezember. Der Weihnachtsmann kam. Und wie.

Ich habe mich eine Zeit lang mit Feedback befasst (nicht im Grundschulalter, ich hätte mich aber auch nicht getraut, den Weihnachtsmann zu kritisieren). Hier lernt man, wie man es schon aus der Schule kennt, eher erst mal mit etwas Positivem anzufangen. Damit der andere nicht so überrannt wird. Damit man eine positive Gesprächsatmosphäre schafft. Nur leider gelten diese Prinzipien nicht für einen Weihnachtsmann in den Neunzigern. Dieser kommt und ruft direkt „Wo ist der Gerhard?!" Kommt ohne relevante Umschweife auf das Gemüsethema. Die gesamte Familie stellt sich geschlossen hinter den Weihnachtsmann. Ich war weiß Gott nicht unterernährt. Trotzdem war mein Verzehrdefizit bei Gemüse offensichtlich dramatisch. So dramatisch, dass ich dem Weihnachtsmann ein Versprechen geben musste: Ich esse Gemüse. Mit diesem Versprechen habe ich den Weihnachtsmann im Vorjahr bereits vertröstet – ohne Konsequenzen. Auch als Kind war mir klar, Weihnachten ist einmal im Jahr, Geschenke gibt es trotzdem und, auch wenn ich eine halbe Stunde Angst haben muss, ist danach erst mal Ruhe. In diesem Jahr war alles anders. Der Weihnachtsmann zog aus seinem Geschenkesack ein ganz besonderes Präsent hervor: einen Kalender. Kein ganz normaler Kalender, sondern ein Konsequenzkalender. In jedem Monat stand ein Gemüse, welches ich in diesem Monat nachweislich verzehren musste. Tat ich dies nicht, rief mich der Weihnachtsmann zu Hause an, im Regelfall sonntags zum Mittagessen. Ich hasste Sonntagmittag, weil es da immer „Sonntagsessen" gab – mit Gemüse und schlimmstenfalls auch noch Kartoffeln. Was war das besonders perfide am Kalender? Im Januar stand direkt „Rosenkohl" im Kalender. Das Einzige, wozu diese Gemüseentität von Nutzen ist, ist zu lernen, wie die Geschmacksrichtung „bitter" schmeckt. Schönen Dank auch. Und ich habe im Januar auch noch Geburtstag. Vielen Dank, Weihnachtsmann.

Hat diese Intervention nun dazu geführt, dass ich bereitwillig am Gemüsekonsum teilgenommen habe? Ein Stück weit. Hat es noch über Jahrzehnte meine Einstellung zu Gemüse negativ beeinflusst? Absolut! Esse ich heute Gemüse? Ja, auch ohne Weihnachtsmann. Schließlich hat mir mein Opa irgendwann aus Versehen verraten, wer den Weihnachtsmann gespielt hat. Wenn ich meine Geschichte mit den oben aufgezeigten Beispielen reflektiere, schätze ich, dass Konsequenz von innen kommen muss. Konsequenzen und externe Konsequenz führt wahrscheinlich dazu, dass wir kurzfristig etwas umsetzen. Hier ist die primäre Triebfeder wohlweislich die Angst. Ein starker Antrieb, aber kein guter und förderlicher. Wir kommen jedenfalls nicht drumherum, bei uns selbst zu beginnen.

Noch ein finales Beispiel gefällig? Wieder ich selbst. Nach der Gemüsegeschichte und den Leiden, die mir der Weihnachtsmann bereitet hatte, gab ich mir selbst ein Versprechen. Ich würde niemals mit dem Weihnachtsmann arbeiten, um Kinder zu manipulieren. Ich würde direkt jedem Kind sagen, dass es keinen Weihnachtsmann gibt, und direkt mit diesem Unsinn aufräumen. Niemals würde ich Psychoterror unterstützen, schon gar nicht, wenn er unter dem Deckmantel des gesunden Gemüseverzehrs dargeboten wird. Und ganz an oberster Stelle: Ich würde niemals selbst als Weihnachtsmann daherkommen und Kindern etwas vorspielen. Was ich davon realisieren konnte? Gar nichts! Erst kürzlich zu Weihnachten habe ich meine eigene Tochter sehr erfolgreich mit dem Weihnachtsmann manipuliert. Und ich habe schon häufiger den Weihnachtsmann gespielt. Nicht mal 20 Jahre nach meinen eigenen Traumaerlebnissen bin ich als Weihnachtsmann aufgelaufen. Als lieber, verständnisvoller Weihnachtsmann, aber Weihnachtsmann bleibt eben Weihnachtsmann. Konsequent, Herr Schmalz!

Bild 6: *Keine zwanzig Jahre nach meinem eigenen Weihnachtsmann-Gemüsetrauma laufe ich stolz als Weihnachtsmann auf. Das nenne ich mal konsequent!*

Zusammenfassung und Fragen

✓ Konsequent zu sein bedeutet, etwas nicht nur zu wollen, sondern auch wirklich 100 % zu verfolgen.

✓ Konsequent sein ist eine Haltung. Hierfür bedarf es Disziplin und Klarheit, sowie einen klaren Beweggrund. Niemand ist „einfach mal so" konsequent.

✓ Konsequenzen sind oftmals etwas Negatives, vor dem wir uns fürchten und damit entsprechend handeln. Dies hat nicht wirklich etwas damit zu tun, konsequent zu sein.

✓ Konsequent zu sein bedeutet, auf der anderen Seite auch Verluste hinzunehmen. Denken Sie an den schmutzigsten Mann der Welt oder Papst Franziskus.

✓ Setzen Sie es bewusst ein, konsequent an etwas zu arbeiten. Dies erfordert Fokus und setzt voraus, dass wir konsequent in den Dingen sind, die es wert sind.

? Bin ich bereit, dieses Ziel zu 100 % zu verfolgen und meinen Fokus dauerhaft genau darauf zu richten?

? Was kostet es mich, hier am Ball zu bleiben, und ist das erwartete Ergebnis diesen Preis wert?

? Was hat mir in der Vergangenheit dabei geholfen „am Ball zu bleiben", auch wenn es langwierig und beschwerlich war?

TIPP: Konsequent sein erfordert Ressourcen. Machen Sie sich diese bewusst. Mitunter hilft es, sich die Ressourcen wie eine Art Netzwerk aufzuzeichnen. So ist klar, welches „Sicherheitsnetz" Ihnen Halt gibt und hilft durchzuhalten.

KAPITEL 7

Ihr braucht Disziplin

Obgleich ich nahezu alle gängigen Sportarten ausprobiert habe, bleiben zunächst zwei ganz wesentliche Erkenntnisse aus meiner „Sportlerkarriere" bestehen. I) Fußball liebe ich am meisten. Ich liebte es immer, Fußball zu spielen und liebe es noch heute Fußball zu schauen. Beides irgendwie, das Ureigenste am Mann sein. Oder heutzutage auch Frau. Einfach toll. II) Ich bin kein guter Sportler. Nicht nur, weil ich chronisch krank bin und kein Talent habe, obgleich ich mir dieses so sehnlichst gewünscht habe, sondern weil mir entscheidende Eigenschaften fehlen. Zwei besonders wichtige Aspekte, die einen exzellenten von einem normalen oder sehr guten Sportler unterscheiden, sind Geduld und Disziplin. Ersterem ist das nachfolgende Kapitel gewidmet, daher kommen wir also zunächst zur Disziplin.

Ich war gerade in der ersten Klasse an der Grundschule, als ich zum Fußballsport kam. Im Kapitel zum Ehrgeiz habe ich bereits kurz meine „Fußballkarriere" umrissen. Ich hatte davor schon gerne gekickt, meine Bemühungen jedoch primär auf den Wäschetrockenplatz oder den Hühnerhof bei meiner Großmutter konzentriert. Nun, im stolzen Alter von 6 Jahren war es endlich so weit. Organisierter Fußballsport bei einem Fußballverein, dessen schillernder, alles überstrahlender Name einem jeden Leser nunmehr Gänsehaut beschert. So führte mich meine erste Vereinsstation zum großartigen Eurotrink Kickers Gera FCL e. V. Während ich aufgrund meines jungen Alters in die damals (und möglicherweise auch heute) so bezeichnete F-Jugend gehört hätte, musste ich mangels ausreichend junger Spieler meinen Kampf um einen Platz im Team in der E-Jugend antreten. Erfolglos, wie sich bald herausstellte. Nicht nur, weil der Trainer ein ziemlicher Ochse war, sondern auch weil ich einfach zu langsam, zu schwach und zu unerfahren war. So kam ich, im letzten Saisonspiel und bei einem bereits klar verlorenen Spiel, zu meinen einzigen Spielminuten in dieser Saison. Tröstlich war da auch nicht der Pokal, den ich zum Saisonende erhielt: „Eurotrink Kickers – 6. Platz". Ich erspare Ihnen und mir nun, auszuführen, wie viele Mannschaften überhaupt in der „Stadtliga" gespielt hatten, in der meine Mannschaft den sechsten Platz errungen hatte. Nur so viel, es waren nicht viele. Wie ich auch bereits im Ehrgeiz-Kapitel geschrieben habe, verlief auch die weitere Fußballkarriere nicht sonderlich erfolgreich. Kein BVB, kein Millionenvertrag, keine WM, kein Rekordtorschütze, kein Kopf im Panini-Sammelheft. „Ja gut, ich sag mal so: Woran hat's gelegen? Das ist natürlich die Frage und ich sag einfach mal: Das fragt man sich nachher natürlich immer!" – würde Olaf Thon jetzt dazu sagen. Ich kann mir das am Ende ganz gut vorstellen, denn ich habe mich natürlich auch gefragt, woran es gelegen hat. Isso.

Bild 7: *Bei meinen Recherchen für dieses Buch, habe ich festgestellt, dass es mein Jugendverein zu noch größerem Glanz gebracht hat. Eine Ehrenplakette von mir als Nachwuchsspieler ist nirgends zu finden. Kommt ja vielleicht noch.*

Ein Fußballtrainer von mir, welcher mich dann in der E- und D-Jugend weiter betreuen durfte, bringt mich der Ursache erheblich näher. Ich höre seine Worte noch heute in meinem Ohr. Wir alle Jungs, keiner über 1,30, alle in unseren Fußballschuhen auf dem Schlacke Platz. Leichter Nieselregen, wir der Reihe nach aufgestellt. Keiner traut sich so richtig, zu zucken. Der Trainer, ein großer (also zumindest aus unserer Perspektive, heute würde ich sagen eher kleiner), leicht untersetzter Mann, helles Haar, Schnurrbart, tiefe, leicht kratzige Stimme, die fast an einen alten Seebären erinnert. Der Grund für diese Aufstellung? Ein Mitspieler war erkrankt, da er sich erkältet hatte. Diese Erkältung war auf einen langen Marsch im Regen zurückzuführen. Dieser wiederum hatte seine Ursache darin, dass ein ungehobelter kleiner Schlawiner die Luft aus seinen Fahrradreifen gelassen hatte und er deshalb das Fahrrad schieben musste. Ob ich dieser Schlawiner war und die Darstellung dieser Geschichte jetzt ein Geständnis ist, da mein Tun nach einem Vierteljahrhundert nun verjährt ist? Die ganze Aufmachung mit dem Buch, die Lesungen, der Spiegel-Bestseller, alles nur, um mein Gewissen reinzuwaschen? Wäre das nicht eine Sensation? Würde sich aber vielleicht auch schnell rumsprechen ... „Habt ihr das Buch vom Schmalz gelesen?" „Oh ja. Ach. Hm. Ich war ganz schön enttäuscht, schreibt das ganze Buch, nur um nachher besser schlafen zu können!" „Ja, fand ich auch. Da schreib ich jetzt aber eine ganz, ganz üble Bewertung ins Weltnetz. Dieser Lümmel!" ... Daneben würde es mich wohl auch nicht sonderlich sympathisch machen. Die gute Nachricht: Ich war's nicht! Das Dumme: Keiner war's. Zumindest gab es keiner zu. Die Folge war eine ziemliche Brandrede des Trainers, an welche ich mich nicht mehr im Detail erinnere. Wohl aber daran, dass wir das ganze Training lang Runden um den Platz rennen mussten. Dazwischen Einzelverhöre auf dem Platz.

Mein Mitspieler wird gefragt. „Warst Du's?"

Er entgegnet: „Nein, war ich nicht!"

Anschlussfrage des Trainers, der eine sehr eigene Aussprache hatte, bei welcher er „E" gerne zu „Ähh" machte, was ich im Folgenden nachzuvollziehen versuche: „Hast du was gesähhn?"

Antwort des Mitspielers, bewusst den Trainer imitierend: „Nein, ich habe auch nichts gesähhn!"

Schallendes Gelächter hallt über den Ascheplatz. Besonders meins. Ich kann mich nie kontrollieren, geschweige denn zurückhalten, wenn ich lachen muss, lache ich. Ich schaffe es nie, mich im Griff zu behalten. Auch an diesem regnerischen Nachmittag schaffe ich es nicht. Unser Lachen macht uns nicht nur verdächtig (Nochmal, ich war es nicht! – Macht mich dieses mehrmalige Beteuern verdächtig? Ja??? Aber ich war das nicht!!), es bestätigt auch die Hypothese unseres Trainers: Wir sind disziplinlose Flegel.

„Ihr braucht DISZIPLIN! Sonst werdet ihr es im Fußball zu überhaupt nichts bringen. Merkt euch das!", ruft der Trainer mit seiner tiefen, kratzigen Seebärenstimme.

Es flößt uns allen Respekt ein. Ich möchte mir gar nicht vorstellen, wie sich dieser gewissenlose Spitzbube gefühlt haben muss, der es am Ende wirklich war. Das weiß ich nicht, war's ja nicht. Aber die Worte, die der Trainer an uns richtete, haben in mir nachgewirkt bis heute. Und im Laufe meines Lebens lernte und womöglich verstand ich auch, was er meinte.

Ich wälze meinen Zitatband für ein passendes Zitat. Einen Ausspruch, der das Thema Disziplin auf den Punkt bringt. Frustriert klappe ich das Buch zu. „Nussknacker haben Disziplin", denke ich. Nehmen Haltung an und halten die Haltung. Auf den Singvogelvitrinen stehen inzwischen sieben Nussknacker. Alle in perfekter Körperhaltung. „August der Starke" ganz links außen. Was für ein kämpferischer Gesichtsausdruck. Bemerkenswert entschlossen, unverrückbar. Gnadenlos und bis in die letzte Haarspitze strotzend vor Disziplin. Daneben wirkt der junge Mann auf dem Schaukelpferd ja beinahe schon wie ein laxer Geselle. Sitzt da auf seinem Pferd, der feine Herr. Denkt, nur weil er König ist, kommt alles von ganz alleine, fliegt ihm alles zu? Frechheit. Ich frage mich, warum ich immer wieder eine Feindseligkeit gegenüber Nussknackern entwickle. Ich mag Nussknacker sehr. Beneide sie um ihre Disziplin. Armer König auf dem Schaukelpferd. Ich habe dir Unrecht getan. Du bist ein Guter.

Bild 8: *Nussknacker haben Disziplin.*

Heute ist Disziplin fast negativ konnotiert. Klingt es doch sehr nach einem überholten und veralteten System. An „Zucht und Ordnung" mag es den einen oder anderen erinnern. An Preußen vielleicht. Oder an die Schule – mein persönlicher Hassfavorit. Stumpfes Lernen von unnützen Wissensmengen, nur um es gleich danach wieder zu vergessen. Wer zu viel nachfragt, wird erschossen (oder kriegt zumindest kein allzu positives Feedback). Eine Meinung, die so nicht im Lehrplan steht? Falsch! Ich flippe gleich aus!

Sie sehen, alleine bei mir löst schon der Gedanke an Disziplin über den Umweg Schulzeit eine absolut negative Erfahrung aus. Aber können wir gerade dort nicht ansetzen? Die Frage klingt, als würde ich selbst vor mir auf der berühmten „Couch" liegen, in einem Jogginganzug mit Wölfen drauf liege ich da. Disziplinlos. Vor mir selbst sitze ich. Im Cord-Sakko, welches in einem herrlichen, matten Hellbraun, nebst karierten Flicken auf den Ellenbogen brilliert. Eine ganz schmucklose Brille, Notizblock in der Hand. Auf dem Tisch: Eine Wasserschorle – heute gönne ich mir richtig was.

„Können wir da nicht ansetzen, Gerhard?", fragt das Disziplin-Ich.

„Quatsch dir keinen Zahn locker!", entgegnet das Disziplinlosigkeits-Ich, nimmt dabei den Blick nicht mal vom Smartphone.

„Weißt du was, Sportsfreund? Dein Trainer hatte recht. Du brauchst Disziplin! Nicht nur im Fußball, auch im Leben. Liegst dort rum, mit deinem Wolfsjogginganzug in schwarz-rot, starrst auf dein Mobiltelefon. Wovor rennst du denn weg?", redet sich das Disziplin-Ich in Rage.

Das Disziplinlosigkeits-Ich hebt kurz den Blick vom Smartphone: „Du hast überhaupt keine Freunde, Alter!"

Ich breche an dieser Stelle den Selbst-Therapie-Dialog einfach mal ab und lasse diesen nachhallen.

Disziplin. Wahrscheinlich konnotieren wir es im ersten Affekt negativ, weil wir immer dann zur Disziplin aufgefordert werden, wenn wir gerade (angeblich oder tatsächlich) ebenjene vermissen lassen. Im Kindesalter. „Sitz gerade", vielleicht „Schwatz nicht mit deinem Sitznachbarn", „Diszipliniere dich und mach deine Hausaufgaben", „Reiß dich zusammen!" Letzteres liebe ich ganz besonders. Diese paradoxe Formulierung, diese Implosion, zu der man noch weit vor Erreichen der Geschäftsfähigkeit aufgefordert wird. All das hören wir Hunderte Male, während wir uns stetig entwickeln. Geprägt werden wir vor allem von emotionalen Erfahrungen. Negative Emotionen sind dabei stärker als positive. Und das Gute an Erziehungsberechtigten ist häufig, dass durchaus großzügig mit negativer Rückkopplung verfahren wird. Und mit Zwang. Elternsein ist halt kein Ausbildungsberuf. Kann jeder machen. Ohne irgendwelche Kenntnisse. „Iss dein Gemüse" – Ich hasse es! Ein Wunder, dass ich noch keine Panikattacke am Gemüseregal bekommen habe. Schnappatmung am Sellerie. Paprika-Panik. Emotionale Erbsen Eskalation. Die EEE, wie der Fachmann sagen würde. „Bärbel, komm mal schnell mit zum Gemüse, wir haben wieder eine EEE!" „Alles klar, Regine, ich nehme ein paar Smarties mit. Den kriegen wir schon wieder beruhigt." „Achtung, bitte wischen am Gemüseregal, Ingwer-Inkontinenz ..." Ich habe glücklicherweise noch nie nach Erreichen der Stubenreinheit in einen Einkaufsmarkt uriniert. Und habe es auch nicht vor. Aber was bleibt, sind negative Emotionen. Ob beim Fußballtraining oder beim Gemüse.

Und das Ergebnis? Wir lassen alle Disziplin vermissen. Nehmen wir uns Synonyme für Disziplin vor, können wir in mehrere

Richtungen gehen. Richtung A: Zucht. Absolut negativ konnotiert. Niemand wünscht sich eine Disziplinarmaßnahme in Form eines Zuchthausaufenthaltes. Aber Richtung B ist interessant: Selbstbeherrschung. Sich selbst beherrschen. Die Kontrolle haben. Wie wir Grundschul-Lausbuben beim Fußball, haben auch wir als ausgewachsene Individuen oftmals die Kontrolle nicht. Geben diese vielleicht sogar bewusst ab. Oder was glauben Sie, liebe Leserin, liebe Leser, weshalb wir zunehmend die Betäubung suchen. Alkohol als vermeintlich softesten Weg, trotzdem oder vielleicht gerade deshalb der Killer Nummer eins. Drogen von Cannabis über Heroin zum Badesalz. Aus „Reiß dich zusammen" wird Kontrollverlust. Wir sind womöglich nicht besser als das Kind im Süßigkeiten-Laden. Unsere Selbstbeherrschung ist regelrecht abtrainiert. Nicht bei allen, sondern auch hier ist es ähnlich wie beim Thema Gesundheit. Anstatt auf einem Kontinuum zwischen selbstbeherrscht und nicht selbstbeherrscht, auf dem sich irgendwo jeder wiederfindet, lieben wir die Extreme. Es gibt die kompletten Disziplinraketen. Spitzensportler, Fitness-Freaks, Selbstoptimierer. Und auf der anderen Seite die größere Gruppe der Esser, Trinker, Chiller und Internetjunkies. Letztere sind ein tolles Beispiel für unseren Disziplinverlust.

Vor Kurzem haben wir, meine Partnerin und ich, uns vorgenommen, zumindest im Bett kein Smartphone mehr zu nutzen. An einem einzigen Ort auf der gesamten Welt, knappe vier Quadratmeter von 510.100.000 km², Luft- und Weltraum noch nicht eingerechnet. Ich dürfte beispielsweise oben auf dem Matterhorn sitzen und E-Mails checken. Oder, um mir den weiten Weg zu sparen, auf dem Sofa. Jeden einzelnen Tag öffne ich morgens die Augen, drücke den Wecker des Handys weg und öffne nahezu übergangslos die E-Mails. Lese verschwommene Nachrichten, lösche Spam und hoffe, dass ich in meinem schlaftrunkenen Zustand die ersten positiven Nachrichten des Tages lese. Früher war das sogar noch schlimmer, denn da bin ich nachts zweimal aufgestanden, um E-Mails zu checken. Ich glaube, jeder auf der Welt, selbst erfolgreichste Topmanager, werden mir zustimmen, wenn ich sage, dass das echt nicht gut ist. Ich kann mich bei der Smartphonenutzung einfach nicht disziplinieren. Genau so sieht es beim Essen aus. Mein Mittagessen heute, beim Buch schreiben? Ein mit Nougat gefüllter Mürbeteig-Schneemann und ein Latte Macchiato. Bin ich eigentlich bescheuert? Zucker und Koffein. Ich habe zwei Mürbeteig-Schneemänner gekauft, waren im Angebot. Hab ich gleich was für morgen. Bald ist Weihnachten. Ich wollte mir einen großen Zylinder wünschen. Schwarz. Mit der Aufschrift: „Vollidiot."

Aus ähnlichen Gründen wie für den Misserfolg meiner Fußball-Ambitionen, frisst mir mein Verhalten aktuell doppelt die Lebenstage weg. Beim Fußball hatte ich große Lust zu spielen, war aber nicht bereit, nicht diszipliniert genug, um auch zu arbeiten. Zu laufen, um Kondition zu erlangen. Zu sprinten, um schneller, spritziger zu werden. Was habe ich trainiert, wenn ich alleine auf dem Bolzplatz oder aus dem Wäschetrockenplatz die Stunden mit Fußball zugebracht habe? Zweikämpfe sicherlich nicht. Tempodribblings? Ich bitte Sie. Ich habe Freistöße ins Tor geschossen und Tricks ausprobiert, die ich bei Fußballern im Fernsehen gesehen habe. Ich habe einfach nur gespielt. Mir hat die Ernsthaftigkeit gefehlt. Und die Bereitschaft zu investieren. Wollte ein Star sein, aber nicht wie einer investieren. Ich wollte nur das Geweih, aber dafür nicht den ganzen Hirsch erschießen. Und so läuft es im Leben leider selten. Disziplin und Selbstbeherrschung sind sicherlich maßgeblich für Erfolg. Die maximale Disziplin bei der Arbeit hat mir jedoch vor allem eines gebracht: ein Burn-out. Glückwunsch zur extremen, selbstzerstörerischen Selbstbeherrschung, junger Mann. Wäre ich doch lieber Fußballstar geworden, dann wäre ich jetzt wenigstens reich. Lustigerweise habe ich 2001 eine Auszeichnung bekommen. Zum besten Spieler des TSV 1880 Zwötzen wurde ich gekürt. Weil ich der beste Spieler von meinen Fähigkeiten war? Der talentierteste Jugendspieler? Bester Torschütze? Alles falsch. Nach den Worten meines Trainers wurde mir der Pokal verliehen für ... Achtung Überraschungsgefahr ... mein vorbildhaftes Verhalten und meine tolle Disziplin!

Was ist das Ergebnis unserer Unbeherrschtheit? Global: Klimaveränderung, Artensterben, Umweltverschmutzung,

Ausbeutung, Zerstörung. Wer jeden Tag eine Bockwurst mit Brötchen essen möchte, braucht dafür Tiere und Getreide, Wasser und Arbeitskraft. Wer Elektroauto fahren will, der braucht dazu seltene Erden. Die übrigens seltene Erden sind, weil es sie nicht besonders häufig gibt. Im Gegensatz zu häufigen Erden, zu denen beispielsweise der Dreck zählt. Könnte zumindest sein, bin kein Geologe ... oder wer auch immer Erden erforscht. Wer Fisch will, muss Fische fangen. Wenn eine Milliarde Menschen einen Fisch essen wollen, brauchen wir eine Milliarde Fische. Aber keine Weißfische. Da möchte ich Sie mal sehen, liebe Leser, wenn plötzlich Plötze serviert wird. Oder Giebel. „Darf es noch ein Ukelei sein, gnädige Frau?" „Oh nein, vielen Dank, aber haben Sie noch etwas von diesem ausgezeichneten Gründling? Und sagen Sie, in der Suppe, ist das etwa Blei (der Fisch, auch Brasse genannt, wundervoll grätenreich!)?" Nein! Es muss schon Lachs sein. Oder Tunfisch, der besonders beliebt ist, weil er im Prinzip nicht so sehr nach Fisch schmeckt. Ich will einen Fisch essen, der nicht nach Fisch schmeckt, weil er nicht nach Fisch schmeckt. Und das jeden Tag. Überfischung. Riffe kaputt, Meeresboden zerschranzt, Robben und Delfine tot. Mir doch Lachs.

Unbeherrschtheit führt auf Dauer oftmals zu nichts Gutem. Und als übersättigte, selbstzentrierte Erdenbewohner sind wir der wahrgewordene Häwelmann, den Theodor Storm bereits 1849 für seinen Sohn erfand. Warum passt dieser zu uns? Sein Leitsatz: „Mehr, mehr!" Und hinzukommt, dass wir uns Wege suchen, Unbequemlichkeit auf möglichst bequeme Weise in unsere Bequemlichkeit zu integrieren. Was ich damit meine? Ich bringe ein Beispiel:

Meine Partnerin und ich haben beschlossen, wir wollen Sport treiben. Uns bewegen, was Gutes für Körper, Kreislauf und Seele tun (Sport = Unbequemlichkeit). Das Ganze müssen wir in unseren Alltag irgendwie integrieren (die Unbequemlichkeit in die Bequemlichkeit bringen). Und, Achtung, Herausforderung, das darf unseren Alltag eigentlich nicht stören (also alles auf möglichst bequeme Art und Weise). Gehen wir doch mal ein paar Optionen durch: Fitnessstudio – deutliches Nein, da muss man erst hin, dann sind dort andere, macht es unflexibel, ist auch so teuer geworden und immer noch viel zu sehr im Trend (ich mag Fitnessstudios auch nicht, weil ich, wie fast überall, Hygienebedenken habe). Gut, dann Bewegung in der Natur, vielleicht Laufen im Park – niemals! Wir sind keine Läufer und wenn uns jemand sieht, wie miserabel wir laufen, dann geht das Getratsche los. „Da ist der Schmalz wieder, versucht zu rennen, was für ein Lappen!" Außerdem ists im Sommer viel zu warm, im Winter viel zu kalt und dazwischen, na ja, gibt ja fast keine Übergänge mehr. Montags 33 Grad, Dienstag fallen alle Blätter ab und mittwochs schneit's. Klimawandel eben. Gut, dann vielleicht eine Mannschaftssportart, oder Badminton? – Auf keinen Fall. Das kriegen wir nie in den Alltag unter. Dann muss man dahinfahren, neue Leute kennenlernen und am Anfang ist man in den meisten Sachen schlecht. Und genau dieses Dilemma nutzt natürlich die Industrie aus, soll sie ja auch, dafür ist sie ja da. Wir sagen immer so hämisch „die böse Industrie", aber die erkennt ja nur einen Bedarf und der wird gedeckt. Dafür bezahlen wir Geld. Manchmal vielleicht zu viel. Trotzdem eigentlich Win-win, wenn es das überhaupt noch gibt.

Auf Grundlage des oben geschilderten Problems entschieden wir uns für ein Fahrrad für drinnen. Da denkt man jetzt im ersten Moment: Alles klar, Lenker, Rahmen, zwei Räder, irgendwie festgemacht, damit es nicht wegrollt, Fall gelöst. Weit gefehlt. Wir entschieden uns, ein entsprechendes Premiumfachgeschäft aufzusuchen. Wenn schon vielleicht mit Sport anfangen, dann aber richtig. Wenn schon Premium, dann aber die günstige Variante ... OK, na gut, also da ist der Bildschirm kleiner und nicht verstellbar, Kleinigkeiten bei der Verstellung anders, Schnellspanner statt Drehknauf, nein das ist natürlich nix. Und das Beste: das iPhone-Prinzip! Nur das nagelneue Superfahrrad ist überhaupt noch für Updates ausgelegt. Heißt jede kommende Verbesserung geht nur für das neue Fahrrad. Na meinetwegen, also die Premium-Plus-Variante. Natürlich mit speziellen Schuhen, macht ja sonst keinen Sinn. Kurz aufgesattelt, in vier Minuten tiefenentspannt durch die Alpen geradelt. Zusatzfunktionen: Fernsehen schauen und natürlich ein Spiel. Der Sinn des Spiels ist völlig irrelevant, soll einen ja nur von den Beinschmerzen ablenken. Dann kann ich auch noch gegen meine Freunde antreten. Geil! Sehen Sie, wo die Reise hingeht? Natürlich haben wir das Spezialfahrrad mit allen Extras gekauft und dafür einen horrenden Preis bezahlt. Zusätzlich das Abo abgeschlossen. Muss ja. Warum haben wir ein solches Premium-Plus-Superfahrrad, nennen wir es ab jetzt einfach PPS für einen Preis gekauft, für den man erwarten müsste, dass es Krebs heilt? (Anmerkung: Tägliche körperliche Bewegung und Sport können sich tatsächlich positiv auf das Krebsrisiko auswirken. Aber dafür muss ich auch Jahrzehnte regelmäßig fahren). Zuerst: Es setzt genau bei unserem Bedarf an. Wir müssen nicht das Haus verlassen, nur ins Sportzimmer, aufs Fahrrad und ab geht's. Perfekt die Unbequemlichkeit bequem in unsere Bequemlichkeit integriert. Eine glatte Eins plus für das PPS. Aber das ist noch nicht alles, denn das hätte auch die preiswerteste Schweißarbeit eines Amateurs erfüllen können, das ist noch nicht der Zaubertrick, mit dem ich die Zuschauer hinter dem Ofen vor locke. Es adressiert unsere Disziplinlosigkeit! Über Spiele, über Fernsehen, schillernde Workouts, die ich auch per App aufs Smartphone bekomme. Ich liege also um 23 Uhr im Bett, checke (heimlich) meine E-Mails und zack, Nachricht vom Fahrrad. „Bitte fahre mich, Gerhard. Ich stehe so alleine hier drüben rum. Du hast seit vier Tagen keine Tour durch London mit mir gemacht. Im simulierten Regen, während du im Trockenen sitzt. Ohne Helm und ohne Licht. Komm, lass mich bitte nicht allein hier drüben stehen. Ich weiß, du willst es doch auch. Und das Schärfste ... hier drüben bei mir ist alles erlaubt ... besonders dein Smartphone. Du musst dich also nicht mehr zum E-Mails-Checken unter der Decke verstecken ... oder im Bad ... Na, was meinst du???" – Und zack sitze ich auf dem Fahrrad und fahre gegen Jürgen Klopp eine Runde um eine unbekannte Stadt in Venezuela, auf einem Schotterweg ohne Steigung. Nur noch kurz die Mails checken ...

Haben Sie das Problem erkannt? Unsere fehlende Selbstbeherrschung, unsere Disziplinlosigkeit kostet uns Lebensjahre, weil wir uns gehen lassen. Um es in Formeln auszudrücken:

Trinken + Sitzen + Essen = Übergewicht

Übergewicht x Zeit = Zivilisationserkrankung

Und wenn wir was dagegen tun wollen? Dann kostet unsere Disziplinlosigkeit Geld. Und zwar nicht zu knapp. Aber was soll's, ich will's ja auch bequem dabei haben, wenn ich Unbequemlichkeit in meine schöne Bequemlichkeit bringe. Hinterher ist man immer schlauer. Aber mein Trainer hatte unglücklicherweise recht – wir brauchen Disziplin. Um gute Fußballer zu werden und gute Menschen. Damit meine ich nicht gut im Sinne von „er ist ein guter Mensch, er rettet Orang-Utans". Aus eigener Erfahrung ist aber ein Übermaß an Disziplin ein guter Weg in die Selbstzerstörung. Womöglich lässt sich daraus eine Empfehlung ableiten, nämlich ein gesundes Maß an Selbstbeherrschung zu erlangen und anzuwenden. Bevor wir immer danach streben, Alles um uns zu beherrschen, die Natur, die Geschehnisse, andere Menschen, sollten wir uns selbst beherrschen lernen. Und dann, ich glaube, das ist die hohe Kunst, wissen, wann man Selbstbeherrschung einsetzt und wann es Zeit ist, loszulassen. „Sola dosis facit venenum" oder für alle Nichtlateiner wie mich: „Nur die Dosis macht das Gift" hat uns Paracelsus auf den Lebensweg mitgegeben. Hierbei sollten wir nicht nur an die kleinen roten Beeren am Strauch bei Oma hinterm Haus denken. Oder an Schnäpschen (die Verniedlichung kann schnell aufs Glatteis führen). Wer will am Ende schon ein Leben als Nussknacker? Sicherlich in der Weihnachtszeit ganz geil, aber so das ganze Jahr? August der Starke, 365 Tage im Jahr grimmig, entschlossen zum Angriff, aber nie angreifen? Aber wenn es erforderlich ist, kann auch mal Strammstehen die beste Entscheidung sein. Mit der Entschlossenheit des Nussknackers „echt" Fahrradfahren gehen. Mal ganz Old School über einen echten Schotterweg brettern, ohne Gangschaltung, ohne Fernsehen, ohne Klopp (obwohl ich gerne mit ihm Zeit verbringen würde). Durchhalten, ein paar Kilo abnehmen, oder einfach nie mehr waschen, um dann doch noch der schmutzigste Mann der Welt zu werden. Ich wünsche Ihnen, dass Sie Ihren inneren Nussknacker finden. Und dann wissen, wann Sie ihn hinausstellen und wann er besser in seiner Kiste bleibt.

Zusammenfassung und Fragen

✓ Disziplin ist ein enger Verwandter der Konsequenz. Beides erfordert Klarheit, Fokus und Haltung.

✓ Disziplin ist eine Art Bereitschaft, auch dahin zu gehen, wo es weh tut. Disziplin bedeutet damit auch Einschränkung und hat einen Preis.

✓ Disziplin ist essenziell, wenn wir langwierig zu erreichende Ziele realisieren wollen, wie ein sportlicher Wettbewerb, eine Ausbildung, ein Studium oder eine Selbstständigkeit.

✓ In unserer heutigen Zeit führen unsere Bequemlichkeit und unser hoher Anspruch dazu, dass es uns oftmals an Disziplin mangelt. Dies versuchen wir zu kompensieren, indem wir ein akzeptables Maß an Unbequemlichkeit erzeugen. Das ist eine Strategie, aber nicht unbedingt die beste.

✓ Entdecken Sie Ihren inneren Nussknacker. Und holen Sie diesen raus, wenn Sie ihn brauchen.

? Wie viel Nussknacker steckt in mir und wo habe ich in der Vergangenheit schon einmal richtig diszipliniert an etwas gearbeitet? Wie hat mir dies konkret bei der Zielerreichung geholfen?

? Wo bin ich so richtig bequem und welches Maß an Unbequemlichkeit könnte ich dabei aushalten?

? Bei welchen Zielen, die ich in meinem Leben verfehlt habe, hat mir die Disziplin gefehlt und warum?

TIPP: Disziplin können wir trainieren. Hierbei geht es um Selbstkontrolle. Tun Sie etwas für Ihren Disziplin-Muskel. Ein guter Versuch ist hierfür die Fastenzeit. Ein paar Wochen ohne Alkohol und Süßigkeiten – sind Sie dafür schon bereit?

KAPITEL 8

Wenn Geduld das Schwert des Klugen ist …

… frage ich mich, wer im 21. Jahrhundert eigentlich noch ein Schwert benötigt. Aber der Reihe nach.

In meinem Vollsprint durch das Berufsleben entwickelte sich eine Sache zu meinem größten Feind, die ein solcher womöglich immer gewesen sein muss: die Geduld. Das dahinterliegende Konzept hat sich mir einfach nie erschlossen. Etwas auszuhalten, abzuwarten, nicht zu agieren, die Dinge passieren zu lassen. Wenn man der Geduld in großen Zitaten und Aussprüchen auf die Spuren kommen will, stößt man auf allerlei Selbsterklärung. Stanisław Jerzy Lec sagte: „Es bedarf großer Geduld, um sie zu lernen." Selbiges bringt Reinhard Gundelach mit den Worten „Geduld verlangt Geduld" auf den Punkt. Für mich ein schwer zu greifendes Konstrukt. Um geduldig zu sein, muss ich erst geduldig werden. So weit, so gut, soweit so klar. Aber eine Sache durch die Sache selbst erlangen. Das ist selbst für den resilientesten Philosophen ein dicker Baumstamm, den es durchzusägen gilt.

Schmerzen auszuhalten, lerne ich am besten dadurch, Schmerzen auszuhalten. Jeder tätowierte Leser kann mir da sicher zustimmen. Dabei geht es aber primär um das Erarbeiten von Bewältigungsstrategien. Wie atme ich den Schmerz weg (das Hebammen-Kunststück), lenke mich ab, richte meinen Fokus auf was Positives, wie lerne ich, den Schmerz vielleicht sogar als etwas Gutes oder Positives zu verstehen? Als Naturwissenschaftler (zumindest in Teilzeit, na gut, sehr in Teilzeit) weiß ich, wie Schmerz zustande kommt. Durch die Reizung von Nervenendigungen, von Rezeptoren. Der Rest ist ein Hybrid aus Physik und Chemie. Kanäle gehen auf und zu. Strom scheppert die Nervenautobahn entlang und landet schließlich als Impuls im

Gehirn. Dort geht dann die große Arbeit los, nämlich die Verarbeitung der Information. Gemischt mit ein paar Emotionen, der Grundverfassung (wenig Schlaf macht stärkeres Schmerzempfinden) erlebt jeder Jugendfreund, jede Jugendfreundin, jeder Bonobo Schmerz auf seine ganz individuelle Weise. Dieses Erleben kann man beeinflussen. Als langjähriger Schmerzpatient weiß ich, wovon ich rede. „Wenn Sie morgens aufwachen und der Schmerz ist da, dann müssen Sie ihn begrüßen, wie einen alten Bekannten, der Sie über den Tag begleitet." Diesen Satz sagte dereinst ein Arzt zu mir, der es wahrscheinlich prinzipiell gut mit mir meinte. Schmerz als alten Bekannten. So einen alten Bekannten würde ich aber mal, ohne mit der Wimper zu zucken, von der Weihnachtskartenliste streichen. Bei Whatsapp blockieren. Nicht zum Geburtstag anrufen, und wenn dann ganz, ganz spät. Kurz vor 23 Uhr. „Ja, Ruppert, mein alter Bekannter. Wollte dir noch kurz alles Gute zum Geburtstag wünschen. Ich bin gerade unterwegs, daher kann es sein, dass ie indung urz e ist …" Klassiker.

Über Schmerz komme ich dem Thema Geduld nicht wirklich näher. Außer, dass es viel Geduld braucht, um zu lernen, wie man Schmerz akzeptieren kann, mit ihm Leben kann und dabei trotzdem außerordentlich unzufrieden ist. Vielleicht helfen uns die Worte von Friedrich Schleiermacher: „Geduld ist die Kunst zu hoffen." AHA, da liegt also des guten alten Faust'schen Pudels Kern! Nehmen wir doch mal beide Aspekte heraus. Erstens, Geduld ist eine Kunst. Prinzipiell kann eine Kunst etwas Erlernbares sein, wie die Kochkunst. Es kann aber auch etwas sein, dass ich entweder von Grund auf eher kann oder eben eher nicht kann. Performancekunst, Bildhauerei, das Malen meiner Jagdhunde in altem Öl auf einem gebeizten Eschenholzbrett, einen richtig abgefahren geilen Picasso zeichnen. Kann man nicht lernen. Muss man können. Kunst kommt ja auch bekanntlich davon, dass man etwas kann. Als großer Künstler kommt man schon auf die Welt. Da fischt einen die Hebamme aus dem Geburtskanal, hält einen hoch und sagt: „Toll gemacht, Frau Ramirowski-Kitschewitz, es ist ein kleiner Künstler. Wollen Sie ihn sich mal auf die Brust legen? Vorsicht! Knicken Sie ihm nicht den Pinsel um. Dann wird es ganz schnell nix mehr mit dem Louvre! Dann bleibt ihm nur noch das künstlerische Mittelmaß. Bilder von traurigen Igeln malen. Oder Karikaturen für die Frau im Trend. Also schön Obacht geben!". Also womöglich hat man die Veranlagung, eher geduldig zu sein oder eben nicht. Schauen wir uns das Zitat einmal weiter an.

Die Kunst zu hoffen. Zu hoffen! Und das wissen wir schon lange. Verdammt lange. Steht nämlich so ähnlich im Jakobusbrief (Jakobus 1,4): „Die Geduld aber soll ihr Werk tun". Der Hammer. Geduld ist also die Kunst, auf etwas zu vertrauen, von dem wir hoffen (nicht wissen), dass es überhaupt einmal eintritt. Tolles Konstrukt diese Geduld. Tolles „Schwert", dass sich der „Kluge" da aussucht. Da habe ich dann doch ein, zwei Fragen dazu. Wie klug kann man denn sein, wenn man auf ein Pferd setzt, bei dem man hofft, dass es gewinnt. Mit der Einschränkung, dass es womöglich nicht mal ein Pferd oder ein Pferderennen gibt. Das ist große Kunst. Dieser Kluge muss so klug sein, dass ich definitiv zu doof bin, um ihn zu verstehen. Und wer heute, im Zeitalter der Drohnen, noch mit einem Schwert in die Schlacht zieht, verdient den Dödel-der-Woche-Award. Wenn schon in die Schlacht ziehen, dann mit einem Maschinengewehr. Oder am besten gar nicht!

Drei Dinge zwingen einen Menschen, aus meiner bescheidenen Sicht und Perspektive, besonders zur Geduld. Erstens Schmerz und Krankheit: Hiervon gibt's in diesem Buch schon genug. Dieses Kapitel befasst sich auch schon wieder mit Schmerz. Ist das blöde, wenn jemand wie ich eine Art autobiografischen Weltverstehens-Ratgeber-Versuch aufschlägt. Ich haue in diesem Buch dafür auch noch ein paar lustige Geschichten raus. Versprochen. Zuallererst überspringen wir Thema 1 an dieser Stelle. Zweitens: ein Dachshund. Und zwar so sehr, dass er ein eigenes Kapitel bekommt. Also weiter zu drittens: eine Karriere an der Hochschule. Ich nehme Sie an dieser Stelle einmal mit, steigen Sie ein, lehnen Sie sich zurück, auf geht's.

Bei meinem Charakter, meinem Wissensdurst und meinem unbedingten Drang danach, mich stetig und umfänglich profilieren zu müssen, hätte es mir klar sein können, dass mich mein Weg an die Universität verschlägt. Ich erinnere mich noch gut, wie ich schon zu Schulzeiten viel Zeit in Leipzig verbrachte. Abends und nachts lief ich an den bedeutsamen Instituten vorbei. Anatomie, Universitätsklinikum, Institut für Physiologie, Biologie. Ich war beeindruckt und fasziniert. Ich konnte es kaum erwarten, eines Tages durch diese Türen zu gehen. Ich träumte von großen, altehrwürdigen Bibliotheken, voller Wissen, voller Energie, voller Kraft für Veränderung. Ich ging tatsächlich durch die Türen. Saß in den großen Hörsälen. Sog das Wissen auf wie ein Schwamm. Klebte regelrecht an den Lippen der Dozierenden. Eines Tages selbst in einem solchen Hörsaal vor Menschen stehen, jungen Menschen, die ich inspirieren kann. Das war mein Traum. Hier gehörte ich hin. Schon immer. Eine Rampensau seit dem Kindergarten. Ein nimmermüder, nimmersatter Geist. Mit Liebe zu den Funktionsprinzipien der Welt, mit Energie und Enthusiasmus, einst ein echter John Keating der Zahnheilkunde zu sein. (Wer nicht weiß, wer John Keating ist, und dies nicht nur googlen möchte, sollte sich den Film „Club der toten Dichter" einmal ansehen.)

Mit dieser Energie, mit dieser Begeisterung betrat ich nunmehr ein System, welches meine Erwartungen nicht enttäuschte, sondern zerstörte. In meinem fast noch jugendlichen Leichtsinn begann ich also, im Alter von 23 Jahren, die Arbeit an der Universität. Zahnerhaltung, vielmehr Parodontologie. Zahnfleisch und Zahnhalteapparat, Mund- und Allgemeingesundheit. Die Königsdisziplin, ach, was sage ich, die Kaiserdisziplin. Toll! Und ich mittendrin. Dort, wo ich hingehörte. Geboren, um zu lehren und nicht zu bohren. Klingt gar nicht schlecht. Der Startschuss war abgefeuert, ich war losgelaufen, oder vielmehr gerannt, und ich steigerte das Tempo. Mit dem beherzten Willen, wirklich etwas zu ändern. Mit der Begeisterung, Leben in ein (so wie ich dachte) lebendes System zu bringen. So begann ich ab dem ersten Tag, statt der bezahlten 21 Stunden pro Woche, die Arbeitszeit bei mehr als dem Dreifachen anzusetzen. Ich arbeitete abends, nachts, am Wochenende, an Weihnachten, meinem Geburtstag, an Ostern, am Namenstag, am Tag der Arbeit, am Reformationstag ... ach, was sag ich ... einfach immer. Und ich arbeitete nicht nur viel, sondern auch hart. Da gibt es durchaus einen Unterschied. Viel Arbeiten kann durchaus auch äquivalent zu Zeit totschlagen sein. Eine beliebte Strategie in einigen Institutionen, wie ich auch schon erleben durfte. Hart arbeiten dagegen heißt, intensiv an Zielen zur feilen, diese zu realisieren und in höchstem Maße bestrebt sein, Ergebnisse zu maximieren. Koste es, was es wolle. Freizeit, Gesundheit, Partnerschaften, Zeit mit der Familie, Freude, Energie, Kraft. Jede Ressource wird investiert, um den Zielen schnell näher zu kommen. Sehen Sie den Feind der Geduld im vorherigen Satz? „Schnell" den Zielen näherkommen. Mit intensiver Arbeit den Zielen an der Universität schnell näherkommen? Aus meiner Erfahrung in etwa so, wie mit Schokolade essen abzunehmen. In der Theorie sicherlich möglich, in der Umsetzung schwierig und zu schön, um wahr zu sein. Hinzu kommt an der Universität das größte Problem: Es ist nicht immer erwünscht!

Nach drei Jahren harter Arbeit, einer Masse an Publikationen, ausgezeichneter Lehrergebnisse, hörte ich den Satz: „Sie sind ja noch ganz am Anfang". „Am Anfang von was?" hätte ich vielleicht genauer nachfragen sollen. „Sie müssen lernen, geduldig und demütig zu ein". Ach so, na dann. Halb so wild. Klar. Ich geh eben noch für Sie den Präsentkorb holen und den Oscar für die tollen Ratschläge. Habe ich dummerweise in meinem Spind liegen lassen. Ich kleiner Schussel ich. Und die Luftballons mit „Danke für alles" sind auch noch nicht befüllt. Geschweige denn das Feuerwerk. Was bin ich nur für ein Mensch.

Ich schreibe hier meine persönlichen Erfahrungen und bin versucht, daraus übergeordnete Schlussfolgerungen zu ziehen. Mit ist bewusst, dass es sich hierbei um eine Darstellung handelt, die komplett aus meiner Perspektive spielt. Die Inhalte dieses Buches spiegeln meine persönliche Meinung wider. Es ist keine Abrechnung mit einem System. Mir persönlich scheint eine Überholung in einigen Punkten sinnvoll, die dazu führen könnte, dass Menschen mit Begeisterung und Energie Professuren übernehmen dürfen. Bei allem Respekt und mit der gehörigen Hochachtung vor Ausnahmen, aus meiner Sicht funktioniert das System Universität (zumindest in der Medizin) in einigen Fällen wie folgt: Das System will vor allem eins nicht: hinterfragt werden. Schwache (wobei sich schwach auf deren eigene Leistungen und Leistungsbereitschaft bezieht) protegieren sich teilweise gegenseitig, hieven sich auf lebenslang sichere Positionen und leben ihre Macht an teils inhaltlich stärkeren, aber unter ihnen stehenden Menschen aus. Sieht ja auch ganz schön dämlich aus, wenn der Chef Mitarbeiter hat, die viel besser sind als er selbst. Und dann nicht mal demütig genug sind, ihre eigenen Erfolge auf dem Chef zu attribuieren. „Ich bin selbst nichts, ich verdanke alles dem großen Professor, der mich allein zu dem gemacht hat, was ich heute bin.“... Wozu dies führt? I) Die Schwachen sorgen dafür, dass auch auf Dauer Schwache in die relevanten Positionen kommen. II) Die Starken verlassen das System, erkranken psychisch oder beides. Wenn jemand die perfekte Burn-out-Maschine bauen wöllte, er müsste den Bauplan direkt von hier übernehmen. Funktioniert, ist über Jahrhunderte bewährt, ist narrensicher.

Vielleicht sitzen Sie, liebe Leserin, lieber Leser, jetzt kopfschüttelnd vor Ihrem Exemplar von meinem Buch. Möglicherweise haben Sie auch zwischenzeitlich kurz abgeschaltet und sich gedacht „Jetzt kotzt er sich kurz über sein verkorkstes Leben aus. Soll der Jammerlappen doch einfach in einer Zahnarztpraxis reich werden. Das wäre doch vernünftig. Ich habe dieses Buch gekauft, weil meine Nachbarin sagte, lies das mal. Ist ganz lustig, unterhaltsam. Mal wieder ein schöner Bestseller, von einem bisher ganz unbekannten Autor. Jetzt jammert der rum. Na, ich weiß auch nicht ...“. Womöglich fragen Sie sich genau jetzt in diesem Moment: „War das nicht ein Kapitel über Geduld?!“ Gnädiges Fräulein, verehrter Herr. Ich muss Sie bitten, nicht so ungeduldig zu sein. Hoffen Sie doch einfach mal, dass jetzt die Auflösung kommt ...

„Predigt nur immer brav Geduld, so ist die Sklaverei fertig! Denn von der Geduld zum Beweise, dass ihr alles dulden müsst, hat die Gaunerei einen leichten Übergang." Johann Gottfried Seume. Ich bitte Sie, dieses Zitat noch einmal zu lesen und kurz sacken zu lassen. „Bitte haben Sie noch einen Moment Geduld, der nächste freie Mitarbeiter ist gleich für Sie da"… „Danke für Ihre Geduld, nach eingehender Überlegung sind wir zu dem Schluss gekommen, dass wir in Ihrem Fall leider nichts tun können."… Die Forderung nach, oder gar vielmehr das Voraussetzen unserer Geduld ist Mittel zum Zweck. Die Geduld ist ein Instrument von Machtausübung und Kontrolle. Vom Abgeben einer fertigen Promotionsarbeit bis zu dem Zeitpunkt, an dem Sie sich „Doktor" nennen dürfen, dauert es gut und gern ein Jahr. Weil der Prozess so aufwändig und umfangreich ist? Keineswegs. Als (zumindest zum Zeitpunkt, an dem ich diese Sätze schreibe) Mitglied einer Promotionskommission weiß ich, die eigentliche Arbeit „hinter den Kulissen" ist überschaubar. Die Gutachten mit einer Checkliste geschrieben, die Verteidigung, zumindest in der Medizin, mitunter reine Formsache. Menschliche Intelligenz misst sich mit der künstlichen Intelligenz, die die knapp vierzig Seiten lange Promotion erstellt hat. Der Rest sind Fristen. Es tagt der Fakultätsrat. Es bedarf eines Beschlusses nach dem anderen. Ein Schneckensystem, welches die Geduld des Doktoranden (oder Habilitanden, Professorenanwärters oder wem auch immer) gerne als Kontrollinstrument nutzt. Das Kaninchen muss geduldig vor der Schlange warten, um den Moment abzupassen, wo die Schlange bereit ist, zu entscheiden, ob die das Kaninchen frisst. Das wichtige ist: Die Schlange hat die Macht, der Geduldige ist der Unterwürfige. Geduld und Demut, Säulen vieler Systeme.

Jetzt werden Sie möglicherweise sagen: „Was betrifft mich denn dieses Uni-Elend? Das ist doch alles für mich gar nicht relevant!" Sind Sie sich da ganz sicher? Haben Sie noch nie geduldig auf die Rückmeldung einer Versicherung gewartet, die in aller Ruhe entscheidet, ob sie zahlt? Geduldig auf den Handwerkerdienst gewartet, der Montag zwischen 7 und 18 Uhr in die Wohnung kommen wird? Sich den Wecker auf um 7 gestellt, um freudestrahlend 16:45 Uhr den Handwerker am Telefon zu haben, der Ihnen sagt, dass es heute nichts wird? „Danke für Ihr Verständnis" und vor allem für Ihre Geduld. Noch mehr Beispiele? Na meinetwegen, aber sagen Sie nicht, ich hätte Sie nicht gewarnt. Mal Geduld mit einem Partner gehabt? Der sich die schlechte Angewohnheit, auch gern mal untenrum außerhalb zu essen ganz bestimmt dieses Mal wirklich abgewöhnen wird? Oder hatten Sie Geduld mit einer Arbeitsstelle? Bei der es sicher nur eine Frage der Zeit ist, bis ich mich eingewöhnt habe und mir die anderen Mitarbeiter nicht mehr Schaschlik-Spieße in den Schreibtischstuhl stecken? Schon mal geduldig auf den Ersatzzug gewartet, weil der Ihre ausgefallen ist?

Geduld ist schmerzhaft zu erlernen und ein tolles Instrument, Sie, mich, uns alle, wen auch immer zu kontrollieren. Die Machtposition zu stärken und Systeme zu stabilisieren. „Ist Geduld aber immer etwas Schlechtes?" ist möglicherweise eine berechtigte Frage, die Ihnen gerade in den Kopf schießen mag. Nein, ich glaube nicht. Marie von Ebner-Eschenbach sagte: „Wer Geduld sagt, sagt Mut, Ausdauer, Kraft." Ich glaube, die „Geduld" existiert nicht. Es ist vielmehr ein überflüssiges, leicht zu missbrauchendes Konstrukt. Wenn ich einen Fisch angeln möchte, brauche ich keine Geduld. Ich brauche eine Methode, Vertrauen, Glück und Ausdauer. Wenn ich ein Ziel im Beruf erreichen möchte, brauche ich Kraft, Ausdauer und Glück. Hinter dem Konstrukt Geduld lässt sich schließlich auch gut verstecken. Fünf Jahre muss man, hochschulabhängig, darauf warten, um nach der Promotion (dem Doktor) eine Habilitation (Lehrbefugnis, benötigt, um Professor zu werden, welchen man theoretisch wieder frühestens nach vier weiteren Jahren beantragen kann) einreichen zu dürfen. Wer alle erforderlichen Leistungen nach einem Jahr bereits erfüllt hat, kann dann vier Jahre Spider Solitaire spielen. In der Hängematte der Geduld warten, dass die Zeit rumgeht. Geduld mag nicht zwingend ein Turbo für Leistungen sein.

Bild 9: *Geschenk von meinem guten Freund und langjährigen Büropartner anlässlich meiner Habilitation. Ich bezweifle, dass es gelingen kann, den Weg, den man gehen möchte, nur mit Geduld in den Fels zu schlagen. Vielleicht ist sie sogar hinderlich.*

„Geduld ist das Schwert des Klugen" – so lautet ein japanisches Sprichwort, welches den Einstieg in dieses Kapitel bildete. Wollen Sie dieser Kluge sein? Bevor Sie sich entscheiden, bedenken Sie, dass der Klügere nachgibt. Klingt erst mal gut, aber schauen Sie sich das Zitat von Erhard Blanck mal in Gänze an: „Der Klügere gibt solange nach, bis er der Dumme ist." Ich möchte mich jedenfalls nicht mehr von der Forderung nach Geduld unterdrücken lassen. Nehmen auch Sie die Zügel selbst in die Hand, wenn Sie das wollen. Setzen wir doch lieber bewusst einzelne Elemente des Konstruktes Geduld zielgerichtet ein. Seien Sie ausdauernd, wo Ausdauer erforderlich ist. Seien Sie mutig, wenn Sie es sein müssen. Halten Sie Dinge aus, die Sie nicht ändern können. Suchen Sie aber auch zeitgleich nach einer Veränderung.

Heutzutage hängen Schwerter meist in Glasvitrinen. Sie erinnern uns an Dinge, die es früher gab. Relikte einer Zeit, in der sie bedeutsam waren. In der man es noch nicht besser wusste. Die Ritter wären sicherlich auch lieber ohne Rüstung auf einem gemütlichen Kanapee gewesen, hätten entspannt die Drohnen gesteuert und die Burg im benachbarten Reich gesprengt. Die Zeit war noch nicht reif. Pech gehabt. Ich hänge das alte Schwert Geduld jetzt endgültig über den Kaminsims meiner inneren Wohnstube. Schön mittig, damit es auch nach was aussieht. Eine kleine Plakette, Messing, graviert. „Früher nutzte man das Konstrukt Geduld. Heute verwenden wir moderne Hilfsmittel wie Ausdauer, Mut, Kraft, Entschlossenheit, Durchhaltevermögen und Beharrlichkeit." Und was machen Sie mit dem alten Schwert? Werden Sie zum Ritter oder kommen Sie mit ins 21. Jahrhundert?

Zusammenfassung und Fragen

- ✓ Geduld haben bedeutet, abzuwarten und darauf zu vertrauen, dass etwas Entsprechendes passiert. Ein interessantes Konstrukt, nur bleibt offen, ob das Ergebnis überhaupt jemals eintritt.
- ✓ Geduld ist eine Kunst und schwierig zu lernen.
- ✓ Geduld eignet sich wunderbar, um damit Menschen klein zu halten und zu kontrollieren. Deswegen ist dieses Konstrukt in unterschiedlichen Systemen und in der Kindererziehung sehr beliebt.
- ✓ Geduld wird oft als große Fähigkeit verkauft, die nah an der Weisheit anzusiedeln ist. Wie weise es ist, einen Zustand auszuhalten und auf eine Verbesserung zu vertrauen, kann zumindest angezweifelt werden.
- ✓ Geduld ist veraltet. Setzen Sie lieber auf Entschlossenheit, Konsequenz und Disziplin.

- ? Macht es gerade wirklich Sinn abzuwarten, oder ist dies nur eine Ausrede dafür, dass ich nicht selbst aktiv werde?
- ? Was kann ich genau jetzt schon aktiv dazu beitragen, meinem Ziel näher zu kommen oder eine Veränderung zu bewirken?
- ? Wer nutzt möglicherweise das Konstrukt Geduld, um mich klein zu halten oder zu manipulieren, und warum?

ABSCHNITT II

Veränderung – Helfer, Hindernisse, Perspektiven

KAPITEL 9

Hauptsache gesund

Ich sitze mit meiner FFP-2-Maske im Wartezimmer der Arztpraxis. Ein großes Medizinisches Versorgungszentrum, vier, vielleicht fünf Ärzte, ein Wartebereich, der sich gefühlt über die ganze Etage zieht. Ich bin 30 Minuten vor der Sprechstunde da gewesen, zweiter Platz in einer Reihe von über 20 Kranken. Husten, Rücken, Krankschreibung kurz vor Weihnachten, gefühlt ist alles dabei. Besonders Husten. Wie ich es hasse, wenn jemand hustet. Wenn ich nach meinem Tod in die Hölle komme (hoffentlich nicht), werde ich inmitten einer Schulklasse im Unterricht sitzen. Neben mir sind jedoch keine Mitschüler, sondern Menschen, die beim Staubsaugen die ganze Zeit trockenen Reizhusten haben. Den ganzen Tag, das ganze Jahr. Und ich habe keine Maske.

Während ich auf meinem hart erkämpften Sitzplatz in der Ecke immer kleiner werde, ruft mich zum Glück endlich meine Hausärztin auf. Eine tolle, einfühlsame Ärztin, die in dieser Gesundheitsschlacht auch sichtbare Abnutzungserscheinungen aufweist. Ihre Augen liegen tief in den Augenhöhlen, müde und erschöpft. Es ist Montagmorgen, während wir beide, die Ärztin und ich, aussehen wie Freitagabend. Später Freitagabend. So, dass man es gerade noch so, mit letzter Kraft, ins Badezimmer schafft. Die letzten Energiereserven ausschöpfen, um nachher nicht ins frisch gemachte Bett zu urinieren. Trotz ihrer Belastung ist sie freundlich, fragt mich, wo der Schuh drückt. Ich zögere, überlege, suche nach Worten, baue intuitiv aus den in meinem Kopf kreisenden Fetzen einen Satz, den ich so in dieser Form nie zu sagen pflegte. *Ich kann nicht mehr.*

Mein Urgroßvater soll häufiger gesagt haben: „Wer noch die Energie hat zu sagen, dass er nicht mehr kann, der kann auch noch." So fühle ich mich nicht. Ich fühle mich leer und kaputt.

Wie ein weggeworfenes Spielzeug, das sich der kleine Samuel immer gewünscht hat, dann zwanzig Minuten gespielt hat, sich gelangweilt und es mit moderater, aber stetiger Kraft gegen die raufasertapezierte Wand geschlagen hat. „Toll, Samuel", sagt dann Samuels Mutter, „jetzt ist es kaputt. Schön, das kostet alles Geld!" Und zack, ich lande im Aschekübel. Nutzlos darauf wartend, dass mich irgendwer gebrauchen kann. Jemand, der sagt: „Oh, ah! Hm. Ist zwar kaputt, der Kleine, aber doch ganz nützlich. Für die Hühner. Oder den Hund. Oder auf den Kaminsims? Nehme ich mit – kost ja nix!" So spaßig es klingt, so massiv fühlt sich der Schaden in meinem Inneren an. Erzeugt von Menschen, die eher nicht in eine Führungsposition kommen sollten. Und natürlich, erzeugt von mir selbst. Durch Arbeit, Kampf, Ausbeutung des eigenen Organismus bis zum allerletzten Krümel des Energiekuchens. Ich bin plötzlich zynisch, schon lange hoffnungslos und erschöpft. In einer sogenannten Gratifikationskrise: massiver Aufwand, keine Anerkennung, kein Dank.

„Ich fühle mich wie ein Maulwurf, der sich versucht, aus der Erde zu graben. Gräbt und gräbt und gräbt. Nur dummerweise in die falsche Richtung. Gräbt sich immer tiefer in die Erde. Und wendet immer mehr Energie auf." Sage ich, um meine Situation zu beschreiben. „Und jedes Mal, wenn Sie graben, werfen die da oben noch eine Schippe mehr Erde oben drauf", entgegnet meine Ärztin. Sie hat den Sachverhalt messerscharf erfasst. Weil sie die Situation kennt, weil sie das System kennt, weil sie die Menschen kennt. Ein ekelhaftes Gefühl. Je besser und je stärker man ist, desto mehr Stöcke kriegt man zwischen die Beine geworfen, desto mehr Steine in den Weg gelegt. Ich schweife in Gedanken kurz ab. Ich frage mich, wie viele Menschen dieses Problem haben. Ich bin am Ende. Habe starke Herzbeschwerden, Kopfschmerzen, Schwindel, kann nicht schlafen, kann meinen Alltag nicht mehr bewältigen. Bin kein Macher, sondern ein Kaputtgemachter. Die Diagnose schockt mich, obwohl ich sie genau kenne. Als Gesundheitspsychologe habe ich sogar bereits eine Arbeit darüber verfasst. Damals fand ich es spannend – heute nicht. Mir bleibt kurz der Atem weg und ich ringe innerlich um Luft und Fassung, als die Ärztin die zwei Worte ausspricht, die ich bereits erwarte: *Burn-out*. Ich verhandle über die Krankschreibung. Nicht, weil ich sie länger will. Ich will aus den mindestens 6 bis 8 Wochen, die meine Ärztin kolportiert, am liebsten erst mal nur ein paar Tage machen. Wir einigen uns bei drei Wochen. Widerwillig von beiden Seiten aus, eben ein schlechter Kompromiss. Kompromisse sind immer schlecht. Stellen Sie sich vor, Sie wollen Urlaub zu Hause machen, Ihr Partner in China. Sie treffen sich in der Mitte und machen Urlaub in Turkmenistan. Es gewinnt keiner. Es verlieren beide. Ich rufe meine Partnerin an. „Ich habe Burn-out. Ist aber nicht weiter schlimm", sage ich. Ich bin ein Fall wie aus dem Lehrbuch ...

Ich kenne es sehr gut krank zu sein. Dabei bin ich schon seit vielen Jahren chronisch krank. Der unbesiegbare Jungspund, der im Winter kurzärmelig am Fenster saß, wurde schnell zur Dauerbaustelle. Mit knapp sechzehn erwischte mich eine Meningoenzephalitis – eine Entzündung der Hirnhäute und des Gehirns. Tage auf der Intensivstation, Wochen im Krankenhaus und vor allem – knapp dem Tod von der Schippe gesprungen. Das macht was mit einem Jugendlichen. Mich hat es zur Kampfmaschine gemacht. Nicht körperlich, sondern kognitiv. Ich verzichtete auf eine Reha, arbeitete mich in den Schulstoff zurück und verlor kein Jahr. Entgegen der Empfehlung der Ärzte zog ich durch und marschierte weiter Richtung Studium. Immer vorneweg. Immer mit einem Anspruch: der Beste sein. Und immer irgendwie krank. Es dauerte eine Dekade der wiederkehrenden massiven Beschwerden, Operationen, Krankenhausaufenthalte. Der Mann, den keiner mehr in der Praxis wollte. Der Simulant des Jahres hatte nun doch plötzlich eine Diagnose, die alle erstaunte. Morbus Crohn, mit Beteiligung der Leber. Überraschung. Medikamente, Operationen, Schwerbehinderung. Ich will nicht jammern, denn es gibt so viel schlimmere, beschissenere Schicksale als meines. „Durch Krankheit erkennst du den Wert der Gesundheit" – so Heraklit. Aristoteles sagte zum Thema Gesundheit Folgendes: „Wir wollen nicht wissen, was Gesundheit ist, wir wollen lieber gesund sein als erkennen, was die

Gesundheit ist." Beide haben recht. Wir schätzen oft nicht, was wir haben, ehe wir es verlieren. Denken Sie, liebe Leserin, lieber Leser, einmal an ihre letzte Erkältung. Schmerzen beim Schlucken, der Kopf dröhnt, die Nase schmerzt. Der Rücken schränkt ihre Bewegungsfähigkeit ein, aber sie wollen sich ohnehin überhaupt gar nicht erst bewegen. Kommt Ihnen das bekannt vor? Genau. In dieser Situation will man einfach nur schnell wieder gesund werden. Oder wie Wilhelm von Scholz sagte: „Der Genesene ist gesünder als der, der nie krank war."

Nun sitze ich hier mit meinem Burn-out und denke über das Kranksein nach. Vielmehr noch. Ich schreibe sogar noch darüber. Zeile für Zeile und Satz für Satz gerät der Fokus immer mehr auf das Elend. Ich glaube, so geht es sehr vielen. Ich weiß nicht, ob ich auf die Frage „Wie geht es dir?" wirklich jemals ein vollkommen ehrliches und klares „Gut" als Antwort bekommen habe. Irgendwas ist immer. Unser Geist ist überlastet. Immer erreichbar, immer auf der Suche. Der Anspruch steigt, der Druck nimmt zu, die Missgunst wächst. Feindseligkeit, schlechte Ernährung, Stress. Wenn man ein „Kochrezept" entwickeln wöllte, um ganz sicher an irgendwas zu erkranken (mal abgesehen von Infektionen, das ist zu einfach, dafür brauchen Sie kein Kochbuch, da reicht ein Kindergartenkind), wären die oben genannten Zutaten wichtig. Nehmen Sie eine große Tasse tierische Fette, fünf Esslöffel Feindseligkeit und Frustration, 50 Gramm gehackte Angst vor der Zukunft, Kriege und schlechte Nachrichten, heben Sie 150 Gramm Stress langsam unter. Löschen Sie anschließend die Masse mit fünf Stunden täglicher Smartphone-Nutzung ab. Lassen Sie nun das Ganze mit ein bisschen Druck von oben köcheln bis sich eine schöne, sichtbare Krise gebildet hat und Voilà, da kommt auch schon Ihre Erkrankung. Hausgemacht. Glutenfrei. Da ist für jeden etwas dabei.

„Hauptsache gesund", schreibe ich in der Überschrift dieses Kapitels. Ja, Gesundheit wird zur Hauptsache und alles andere zur Nebensache, wenn wir krank sind. Wir werden von Gesundheitstrends überrannt und sind dennoch so krank wie noch nie zuvor in der Menschheitsgeschichte. Bereits in diesem Buch angesprochene Aspekte wie Zufriedenheit und Glück sind fast zu Fremdwörtern geworden. Während vielen Supplemente und Workouts geläufig sind. Amüsant, wenn man bedenkt, dass die Letzteren wirklich Fremdwörter sind. Aber kann man es sich wirklich so einfach machen? Oder anders gefragt: Gibt es eine Lösung oder ist die Lösung bereits das Problem? Die zweite Frage klingt zugegebenermaßen provokant. Gut, dass ich hier das Buch schreibe, so kann ich auch mal provokant „einen raushauen", wie die Jugend sagt. Geht also fit, mal kurz zu provozieren. Aus der Perspektive des Kranken sind Gesundheitstrends paradoxe Konstrukte. Menschen, die eh schon gesund sind und drei Stunden am Tag Sport treiben, essen dann noch ungenießbares Essen. Oder: „Heute nur Lachs, ich mach Low Carb." Kürzlich war einer meiner Freunde zum Coaching bei mir. Er kam gerade vom Kampfsport und aß vor der Sitzung Haferflocken mit Wasser. Mit WASSER! Er hatte auch einen kleinen Zartbitterschokoladenriegel mit. Er hat ihn ungeöffnet wieder mitgenommen. Trotz 60 Minuten Coachingsitzung abends 20 Uhr. Ist das diszipliniert? Jawohl! Ist das konsequent? Auch das! Ist das gut für den Körper? Ganz bestimmt! Ist das wirklich gesund? Nun ja ...

Anfang 2022 war ich im Fernsehen. Zur besten Sendezeit, also zumindest, wenn um 21 Uhr die beste Sendezeit ist. Die Sendung hieß ... nun raten Sie mal gnädiges Fräulein, junger Mann, oder Kind jeden Alters (schön, dass du in deinem Alter solche Bücher liest! Lesen ist gut. Bitte mach das weiter. Sollte ich noch ein Buch schreiben, lies dieses bitte auch und Finger weg von jeglicher Art von Drogen!) ... die Spannung steigt ... sie ist nicht mehr auszuhalten ... ich bin selbst beim Schreiben gespannt, als würde ich langsam ins Schlafzimmer schleichen und im Schrank meiner Eltern nach den versteckten Weihnachtsgeschenken suchen ... was war ich das eine Jahr extrem enttäuscht! Finde ich das Versteck mit den Geschenken und was kriege ich? Ernsthaft??? Eine Hose! Und zwar eine, die mir überhaupt nicht gefällt. Nicht von der Art und insbesondere deswegen, weil sie eine Hose ist. Ich mag meine Hosen weit und mit großen Taschen, mit Gummibund. Und zu Weihnachten mag ich meine geschenkte Hose am liebsten als

Playstationspiel, welches ich mir gewünscht habe. Verdammte Axt! Drei Wochen lang vor Weihnachten üben, mich über eine Hose zu freuen. Da kriege ich heute noch Blutdruck. „Oh, danke Mama, eine Hose, ich fasse es nicht. Was für ein wundervolles Weihnachten. (Ich verdrücke mir eine Freudenträne, weil ich so gerührt bin.) Das ist das schönste Weihnachtsgeschenk aller Zeiten! Wollte ich mir letzte Woche noch selbst kaufen! Wie seid ihr nur darauf gekommen? Auf meinem Wunschzettel stand ja nur schließlich nur Angelzeug und Playstationspiele! Ich bin so begeistert, was für eine tolle Überraschung!" Oh Gott, oh Gott. Wenn sich damals nicht jemand für ein Pflegeheim ohne Fenster qualifiziert hat. Mein lieber Schwan. Was wollte ich eigentlich ursprünglich erzählen?

Ach ja, mein Fernsehauftritt bei: „Hauptsache gesund" im MDR. Ich trat also im Fernsehen auf. Ich, der kleine Junge aus Ostthüringen als großer Mundgesundheitsexperte im Fernsehen. Du kannst promovieren, habilitieren, Autor von weit mehr als 100 internationalen Publikationen sein, zwanzig Preise gewinnen ... Nichts, aber auch gar nichts zieht so, wie 15 Minuten im Fernsehen. „Jetzt hast du es geschafft", bekomme ich als Nachricht. Was habe ich denn geschafft? Ich habe nichts gegessen, es gab nur Körnerbrot. Das esse ich nicht. Ich habe abends Kaffee getrunken, war in der Maske, stand an einem Stehtisch und musste schnelle und kurze Antworten zu Mundgesundheitsthemen geben. Danach bin ich nach Hause gefahren und habe die Aufzeichnung meines Liveauftritts im MDR angesehen. Toll. Ich hab es geschafft. Selbst bei Gesundheitssendungen ist hinter der Kamera ordentlich Stress. Gesundheitssendungen, Bücher, Internetvideos, Podcasts und noch vieles mehr. Bauen wir uns hier womöglich eine Illusion? Ein Luftschloss der exzellenten geistigen und körperlichen Verfassung? Der 57-jährige 122-Kilo-Mann Winfried aus Bad Hersfeld macht keinen Podcast. Der hört auch keinen. Der isst Pommes Frites im Kiosk und freut sich, wenn heute auch schon wieder rum ist. Ich glaube, die Gesellschaft spaltet sich auf. In gesundheitsfokussierte Selbstoptimierer, von denen mindestens zwei Drittel behandlungsbedürftig „einen an der Lock" haben und in die Gruppe der chronisch Kranken. Letztere ergeben sich ihrem Schicksal oder können nichts dafür. Oder beides. Wirklich rundum gesund, zufrieden und glücklich ist wahrscheinlich am Ende keiner.

Über Erkrankungen, Arztbesuche und das Gefühl, nie wieder wirklich gesund zu sein, könnte ich hier ein eigenes Buch schreiben. Möglicherweise auch über mein Burn-out und wie es überhaupt dazu kam, dass ich Körper und Geist vollends ans Ende gewirtschaftet habe. So wie bei meinem alten Fiat Punto. Den hatte ich im Grunde nur fürs Pendeln und die Sanierung meines Hauses. So habe ich ihn auch behandelt. Die linke Hintertür habe ich mir an der Einfahrt zu meinem Grundstück, ehemals vom Vorbesitzer eigens für einen Trabanten konstruiert, regelrecht aufgerissen. War ein echter Hingucker, insbesondere wenn man als Redner mit diesem Auto zu einem Vortrag fährt und beinahe nicht reingelassen wird. Die Handbremse ist mir gerissen, als ich das doppelte der zugelassenen Last in Form von braunen holzmotivverzierten Fliesen an einem Hang transportieren wollte. Der Motor hatte ebenfalls einige Schäden. Hier waren wohl sogenannte Hydrostößel zugesetzt (überraschend, dass die Worterkennung meines Computers offensichtlich das Wort Hydrostößel kennt, aber Playstationspiele nicht). Das Auto klapperte, machte Schleifgeräusche, war ein Sicherheitsrisiko für mich und alle anderen, aber es fuhr. Und zwar zuverlässig auch die längste Strecke. Ein echtes Arbeitstier. Eine Maschine. Am Ende jedoch besonders: ein Opfer. Nachdem die Bauphase und meine komplett ausbleibende Fürsorge für das Gefährt, meinen alten Punto bis zur letzten Radumdrehung ausgezehrt hatten, war irgendwann der Ofen aus. Das Auto rollte noch, aber nur noch auf den Abgrund zu. Im Prinzip habe ich das Gleiche mit mir getan. Über Jahre. Jahre, die irreversibel verloren sind, und die ein limitiertes Gut sind.

Geht man von 52 Wochen im Jahr und einer Lebenserwartung von 80 Jahren aus, bleiben genau 4160 Wochen. Bei meinem Lebensstil, meinen Grunderkrankungen und der Vorgeschichte kann man hier guten Gewissens eine nicht unerhebliche Zahl bereits subtrahieren. Wenn ich mein Studium und die letzten 10 Jahre Arbeit hernehme, bedeutet das 780 Wochen Investition.

Dazu kommen die ersten 18 Jahre, also nochmal 1716 Wochen sind schon weg. Nun bleiben mir (immer noch in einem idealisierten Rechenbeispiel, vielleicht überfährt mich nachher der Bus und der Ofen ist direkt aus) 2444 Wochen, um es besser zu machen. Oder wenigstens anders. Zeit für die Gesundheit investieren. Haferflocken. Oder Bestseller schreiben.

Wie ist es mit Ihnen? Wie gesund sind Sie wirklich. Liebe Leserin, lieber Leser, liebe Kinder (gleich hast du das Kapitel geschafft, dann ist Zeit für einen Chiasamen-Superfood-Snack!), macht Gesundheitsfokus wirklich gesund? Walter Halbrechter formuliert hierzu etwas Interessantes, denn er sagt: „Gesundheit ist eine Idee. Die Abweichungen sind die Realitäten." Ist also Gesundheit der richtige Fokus für Ihre Zeit. Für die 2000 Wochen, oder wie viele auch immer, die Ihnen noch bleiben? Das wissen nur Sie selbst. Mein Tipp: Egal, was Sie tun: Machen Sie nicht den Maulwurf.

Als ich dieses Kapitel eigentlich schon mit einem schönen Schlusssatz beendet habe, werde ich aus dem Schreiben herausgerissen. Ich rege mich kurz auf. „Machen Sie nicht den Maulwurf" – Was für ein herrlicher Schlusssatz in einem so selbstreflektiven Kapitel. Einen besseren finde ich doch heute nicht mehr. Da fehlt mir auch echt die Geduld dafür. Habe hier vielleicht den Jahrhundertschlusssatz und dann werde ich hier unterbrochen. Wovon eigentlich? Das fragen Sie sich doch sicherlich, wo Sie hier nur meine Gedanken lesen können, jedoch nicht sehen und hören, was hier gerade passiert. Schon ein bisschen unverschämt von mir, bitte verzeihen Sie. Der Reihe nach.

Während ich gedankenversunken in die Tasten meines Computers tippe, höre ich ein Jaulen. Das kann nur das robbengleiche Maunzen meines Dachshundes sein. Ich mache es zunächst wie eine gute Vier-Kinder-Spielplatz-Mutter: Ich plärre erst mal rum. „Rolf, aus, Ruhe, Papa schreibt am Bestseller. Willst du das kaputt machen? Ich weiß, wer hier bald keine Knochen mehr von Knochenonkel bekommt." Trotz meiner Intervention tritt keine Ruhe ein. Ich schaue nach. Da unser Hund die Eigenschaft hat, beim kleinsten Geräusch zur Tür zu sprinten und lauthals zu bellen, haben wir ein verschiebbares Gatter in der Wohnung.

Was ich sehe, überrascht mich ob des Intellekts meines Hundes nicht, bringt mich aber dennoch kurz zum Nachdenken. Rolf hat sich das Gatter ein Stück verschoben, sich selbst in einen eigens gebauten Käfig begeben, aus welchem er aber, vermeintlich sehr einfach, jederzeit wieder herausgehen kann. Er setzt sich jedoch hinein und jault lauthals. Zur Vereinfachung habe ich die Szene fotografisch festgehalten (Bild 10).

Bild 10: *Rolf hat sich selbst „eingesperrt" und jault. Kenne ich irgendwoher ...*

Als ich das Szenenbild reflektiere, kommt mir in den Sinn, dass Tiere, besonders Hunde, oftmals immer mehr ihren Besitzern ähneln. Rolf schreibt kein Buch. Er hält keine Vorträge und verdient kein Geld (von dem ich weiß). Aber er ist freiwillig in einem selbstgebauten Käfig und ist darüber traurig, möchte gerne raus, sieht den Ausweg, aber geht ihn nicht. Wie ich. Wie viele. Mein Käfig heißt Arbeit, ich tue sie freiwillig (natürlich muss ich auch meinen Lebensunterhalt verdienen, das könnte ich aber auch anders tun), ich habe mir den „Arbeitskäfig" immer weiter gebaut. Der Ausweg ist klar, aber ich gehe ihn nicht.

Ich bin erschöpft, ausgebrannt und traurig, weil ich im Käfig bin. In meinem Arbeitskäfig bin ich abgekanzelt, isoliert, abgegrenzt. Von meiner Familie, meinen Freunden, dem Leben.

Ich nehme Rolf aus seinem selbstgebauten Knast, nehme ihn auf den Arm und streichle ihn. „Bitte mach nicht denselben Mist wie ich, Kleiner", flüstere ich ihm ins Ohr. Jeder, der im Käfig ist, wünscht sich, dass ihn jemand herausholt. Ob der Käfig Burnout heißt, oder Depression, ob er Essstörung oder Angst heißt, womöglich einfach „nur" Stress oder Überlastung. Wir alle wünschen uns eine Art Rettung von außen. Wie auch mit der körperlichen Gesundheit. Wir wollen eine Abnehmpille, eine Spritze gegen Übergewicht, den Verjüngungssaft. Hauptsache, die Verantwortung liegt nicht bei uns. Grundfalsch. Wir müssen Verantwortung übernehmen. Für die Käfige, die wir uns bauen. Der Maulwurf kann sich vielleicht nicht aussuchen, dass er ein Maulwurf ist. Aber es ist die Entscheidung des Maulwurfs, ob er gräbt.

Ich lehne mich zurück. „Machen Sie nicht den Maulwurf" vs. „Es ist die Entscheidung des Maulwurfs, ob er gräbt". Welchen Schlusssatz hätten Sie besser gefunden? Ich frage mich, warum ich immer wieder beim Maulwurf rauskomme. Ich mag Maulwürfe nicht mal. Der Trainer einer Handballmannschaft, welche wir (als Fans einer anderen Mannschaft) nicht leiden können, hat große Ähnlichkeiten mit einem Maulwurf. Daher ist Maulwurf bei uns irgendwie negativ besetzt. Will ich eigentlich gar nicht als Schluss für das Kapitel. Obwohl ja „seien Sie kein Maulwurf" auch eher in das „Anti-Maulwurf-Horn" geblasen ist. Bin ich vielleicht auch beeinflusst durch meine Maulwurf-Antipathie mit meiner Empfehlung? Ich brauche etwas anderes. Achtung, ich probiere etwas aus: Wenn wir etwas für uns und unsere Gesundheit tun wollen, dann müssen wir Verantwortung übernehmen. Und da nehme ich mich nicht raus, sondern mitten rein. Erkennen Sie Ihren Käfig und noch besser, verlassen Sie ihn. Rolf hat das Glück, dass ihn jemand herausholt, auf den Arm nimmt, und tröstet. Wenn wir darauf warten, statt hinauszugehen, sollten wir uns eher auf eine lange Zeit im Käfig einstellen.

Und, was meinen Sie? Ich finde, es klingt hintenraus etwas zu dramatisch und philosophisch: „Erkenne deinen inneren Käfig und verlasse ihn." Könnte ein buddhistisches Sprichwort sein, ist es aber wahrscheinlich nicht. Ich öffne nochmal den Zitatband ... Kampf, Kapitalismus, Karriere ... auch nix zum Käfig. Was bleibt mir dann noch? Ahhh ... ein offenes E.

Zusammenfassung und Fragen

- ✓ Es mag sich abgedroschen anhören, aber Gesundheit ist eines der zwei wertvollsten Dinge, die wir im Leben haben können. Das andere ist Zeit.
- ✓ Unsere Lebenszeit ist begrenzt. Nach etwas mehr als 4000 Wochen ist für den Durchschnittsbürger der Ofen aus.
- ✓ Gesundheitsschäden erleiden wir oft recht spät, dann jedoch sind diese nicht selten unumkehrbar. Daher müssen Sie frühzeitig anfangen, den Schaden zu begrenzen.
- ✓ Achten Sie neben Ihrer körperlichen besonders auf Ihre emotionale Gesundheit. Schnell sperren wir uns selbst in einen Käfig und sehen den Ausgang nicht mehr.
- ✓ Mit der Gesundheit ist es wie mit vielen Dingen. Ihr wahrer Wert wird uns erst dann bewusst, wenn sie uns fehlt.

- ? Was will ich mit den Wochen anfangen, die mir bleiben?
- ? Was habe ich heute/die letzte Woche/das letzte Jahr für meine Gesundheit getan?
- ? In welchen Situationen verhalte ich mich wie der Maulwurf, der in die falsche Richtung gräbt, und was muss ich tun, die Richtung zu ändern?

KAPITEL 10

Ein Hund als Lebenslehrer

Wenn Sie wirklich an Ihrer persönlichen Weiterentwicklung arbeiten möchten, dann schaffen Sie sich doch einen Hund an. „Was will er denn jetzt mit der Nummer?", werden Sie vielleicht denken. Das werden Sie gleich sehen.

Es ist ein lauer Sommernachmittag. Ich sitze in einer kleinen Waldhütte, in die ich mich zum Schreiben meines Buches zurückgezogen habe. Digital Detox. Ruhe. In meinem Zimmer steht ein altes Doppelstockbett. Komisch. Hasse ich eigentlich übermäßig. Wie konnte ich eigentlich an ein solches Zimmer kommen? Egal, ich haue in die Tasten, es sprudelt die Kreativität aus jeder Fingerbewegung in Form schwarzer, kleiner Buchstaben auf den weißen Computerbildschirm. Intuitiv formen meine flinken Finger Wort um Wort und Satz für Satz fließt auf den hellen, leuchtenden Hintergrund. Ich greife intuitiv nach rechts. Dort steht ein Glas Sekt. Rosé. Eiskalt, sodass das Schaumweinglas an der Außenseite bereits angelaufen ist. Ich trinke einen angenehm kühlen Schluck der sprudelnden Flüssigkeit. Genussvoll schiebe ich mir dazu eine Erdbeere in den Mund. Ach ja, das Leben als Schriftsteller. Als großer Künstler. Davon habe ich immer geträumt, nachmittags im Sommer Schaumwein trinken. Erdbee... Hmmm... Eigentlich habe ich weder eine Vorliebe für Erdbeeren noch für Sekt. Zumindest nicht nachmittags. Da drehts einen dann, ist im Prinzip der Tag ab dem Zeitpunkt des ersten Glases gelaufen. Offensichtlich tangiert mich das heute peripher. Sehr peripher, denn ich nehme noch einen weiteren, diesmal außergewöhnlich beherzten Schluck aus dem Glase. Ich schreibe weiter und komme ins Sinnieren. Was fehlt meinem Buch noch, um ein gnadenlos leergekaufter Bestseller zu werden?

„Das Vorwort eines richtig guten, bei allen Menschen be-
liebten, bekannten und geschätzten Prominenten!", schießt es
mir in den Kopf.

Kenne ich so jemanden? Mal überlegen ... Spontan fallen mir
zahlreiche Stunden in der ZDF-Mediathek ein. „Bares für Rares" – mein Lieblingsformat. Als Porzellansingvogelsammler,
Kunstliebhaber und Freund des Antiken eigentlich auch ein absolutes Muss. „Horst Lichter!", schreie ich nahezu aus dem Fenster der Waldhütte, weit hinaus in den warmen Sommernachmittag. Ich nehme mein Mobiltelefon aus der Hosentasche. Ich
scrolle durch die Kontakte ... Lindenberg, Manni Ludolf, Lichter ... Ha! Da ist er doch. Beherzt drücke ich den grünen Hörer
meines Endgerätes. Nahezu sofort grüßt mich die bekannte
und unverkennbare Stimme durch das Telefon. Ich telefoniere
mit Horst Lichter. Schildere ihm meine Situation: Waldhütte,
Schaumwein, Bestseller, geiles Vorwort, um es viral gehen zu
lassen. Horst ist gelinde gesagt begeistert von meinem Vorhaben. Freudig willigt er ein. Hätte ich so spontan nicht gedacht.
Ist aber eben ein echter Menschenfreund. Der Schein in seiner
Nachmittagssendung trügt nicht. Schon lange habe ich das gedacht. Meine Mutti war bei einigen seiner Bühnenprogramme
live dabei. In der Küche hängt ein von Horst Lichter persönlich
autografiertes Foto von den beiden. Eine Ehre, dass ein solcher
Hochkaräter jetzt mein Vorwort schreibt. Das wird meinem
Bestseller Flügel verleihen.

Horst erklärt mir seinen Plan für das perfekte Vorwort. Es
ist ihm herausragend wichtig, dass dieses exakt so geschrieben
steht wie er spricht. In diesem sanften und positiven kölschen
Einschlag soll der Text verfasst sein. Ich finde es gut, lässt es
original und authentisch wirken. Genau das braucht mein Buch.
Ich bin voller Begeisterung. Horst will es mir direkt diktieren.
Das Problem: Offensichtlich habe ich nichts zu schreiben mit
in der Holzhütte im Wald. Erschüttert über meine Fehlplanung
beginne ich zu grübeln. Ich möchte es noch nicht in den Rech-
ner eingeben, bevor das Buch fertig ist. Bringt Unglück, ver-
mute ich. Ich bin der Verzweiflung nahe. Da, plötzlich, sehe

ich die Lösung. In der kleinen Küche liegt ein altes Holztablett. Dort ritze ich das Vorwort ein – was für eine Geschichte. Horst diktiert. Ich ritze. Eine Szene für die Ewigkeit. Wenn das Buch verfilmt wird (im Moment schreibe ich es ehrlich gesagt nicht so, als könne man es verfilmen, ist ja eine Art Ratgeber), wäre das eine endgeile Szene. Ich am Küchentisch, ritze feinste Horst-Lichter-Worte in ein Holztablett. Das originale Tablett werde ich später in meiner Galerie ausstellen. Oder einem Museum stiften. Oder Horst und ich versteigern es für einen guten Zweck. „Bares für Rares – Lieblingsstücke", zu Neujahr auf ZDF. Für sauberes Trinkwasser in Brandenburg. Geil. Plötzlich schaltet Horst Lichter auf Videoanruf um – ich nehme diesen an und gebe mein Video ebenfalls frei. Das einzige Bild, das ich sehe, ist der Kühlschrank von Horst. Voller Sekt und Erdbeeren. Krass, wie zwei Seelenverwandte. Ein berühmter Koch ist eben auch nur ein Mensch. Köche kochen auch nur mit Wasser. Toll. Verabschiedung. Abschluss. Stille.

Ich sinke in meinen Sessel. Was für ein Tag. Vor mir eine Pizza. Quattro Stagioni, Durchmesser locker 50 cm. Vom Lieferdienst. Ich nehme mir ein Stück von der Grenzfläche Artischocke/Salami, setze zu einem beherzten Biss an, als plötzlich …

Robbengeräusche. Ich kann es in anderen Worten nicht beschreiben. Sie reißen mich wüst, aber sehr vertraut, aus meinem Schlaf. Es ist dunkel. Und kalt. Kein Sommernachmittag, keine Waldhütte, kein Schaumwein und vor allem: kein Horst Lichter. Ich seufze. Immerhin kein Doppelstockbett … Ich stoße liebevoll, aber beherzt meine Partnerin mit dem Ellenbogen an. Der Hund muss raus.

Rolf, seines Zeichens Rauhaar-Kaninchendackel, 24 Hundejahre alt (was bei einem derart kleinen Hund etwa 2 Jahren in unserer menschlichen Zeitrechnung betrifft), hat unserem Leben eine ungewollte Struktur gegeben. Das morgendliche Aufstehen wird, je nachdem wie früh es stattfinden muss, von Wecker (kurz vor 6 Uhr) oder Hund (kurz nach 6 Uhr) bestimmt. Mittags, nachmittags, abends: Der Hund muss nochmal raus. Ein kleines Uhrwerk mit spitzer Schnauze und borstigem Fell.

Er ist auf mich fixiert. Den Chef des Rudels. Zumindest aus seiner Sicht. Und meiner. Innerhalb unseres Haushalts herrscht ansonsten womöglich ein anderer Konsens über die Verteilung der Leitungspositionen. Sei es drum. Rolf gehört zur Familie und nimmt an allem Teil, was geht. Selbst jetzt in diesem Moment beobachtet er mich beim Schreiben. Lustigerweise tut er, wenn er ertappt wird, so, als würde er es nicht tun (siehe Beweisfoto).

Bild 11: *Rolf beobachtet mich beim Schreiben. Er tut allerdings so, als wäre nichts, sobald ich zu ihm hinschaue. Denkt der wirklich, ich falle darauf rein???*

Seit Jahren habe ich mir einen Hund gewünscht. Dieser sollte immer Rolf heißen, wie der Hund von Heinz Rühmann im Film „Lachende Erben". Ein immer treuer Gefährte. Der einen versteht und immer zu einem hält. Der sich einfach endlos freut, nur weil man da ist. Egal ob der Tag erfolgreich war, das Buch ein Bestseller ist, ob man ein funktionierendes Raumschiff in der Garage gebaut hat oder einfach nur den Müll rausbringen war. Und natürlich jemanden zum Spaß haben. Spielen und kampeln. In den Wald gehen und zum Angeln. Gemeinsam Zeit in der Natur verbringen und wieder mehr einen Blick dafür bekommen, wie wunderschön die echte Welt sein kann. Vielleicht kam der Wunsch nach einem Hund schon lange einem inneren Hilfeschrei gleich. Nach einem Lebewesen, das die Kraft besitzt, mich aus meinem Hamsterrad zu ziehen. Ich hätte nie gedacht, dass mir dann, wenn ich einen Hund habe, plötzlich alles so schwerfallen würde. Ich hätte nie gedacht, was es für Arbeit macht. Aber vor allem hätte ich nie gedacht, was für ein mächtiger Lebenslehrer ein kleiner, knapp vier Kilo schwerer Hund für einen erwachsenen Menschen sein kann.

Rückblick. „Hallo, Herr Schmalz! Es gibt gute Nachrichten, ich hätte einen für Sie." Ich erkenne den westfälischen Dialekt an der anderen Seite des Telefons sofort und weiß direkt, worum es geht. Vor mehr als einem halben Jahr haben wir uns angemeldet und einen dunklen Rauhaar-Kaninchenteckel-Welpenrüden bestellt und angezahlt. Die Warteliste war lang. Unsere Ausdauer wurde belohnt. Der kleine Räuber wurde gewölft, wie der Fachbegriff lautet. Unser Rolf, ganz frisch gewölft. Ich unterbreite die frohe Kunde meiner Partnerin, welche spontan und auf der Stelle zu einem Freudentanz ansetzt. Die kommenden Tage sind geprägt von Internetrecherchen, Einkäufen in Zoofachmärkten und wunderschönen Gedanken an ein Menschen-Hunde-Leben. Wenige Tage nach dem Gewölftwerden ist Rolf, oder wie er in Gänze heißt, D'Artagnan Rolf, bereits Besitzer von zwei Hundebetten, einem Berg Spielzeug, Decken, Snacks, Halsbändern, Leinen ... dem vollen Programm eben. Ich ahne bereits, dass sich in die zauberhafte Zeit mit einem kleinen Fellkameraden auch ein Haufen Arbeit mischen wird. Aber ich bin gut im Verdrängen, freue mich jeden Tag ein bisschen mehr. Wir fahren ins Münsterland, vier Stunden pro Strecke, um „unseren" Rolf wenige Minuten in Augenschein zu nehmen. Wenige Wochen danach holen wir ihn ab. Oder irgendeinen anderen kleinen Hund. Völlig unklar, ob wir denselben Hund mitnehmen, den wir auch Wochen zuvor kurz gesehen haben. Er macht jedenfalls viel Lärm und sieht passend aus. (Ich möchte hier nicht unterstellen, wir hätten den falschen Hund bekommen. Die waren einfach alle sehr, sehr klein!)

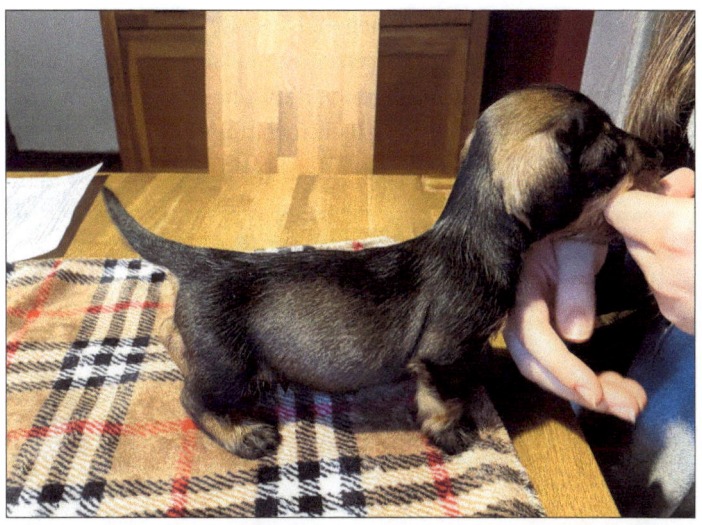

Bild 12: *Eines unserer ersten Bilder von Rolf. Er war wirklich klein.*

Als Dackel zeichnet sich Rolf durch einige besondere Eigenschaften aus. Er ist charakterstark. Hat eine absolute Power und Energie. Ist Bewacher, Beschützer und Jadghund. Und hört nicht auf uns. Dachshunde haben ihre eigene Meinung. Muss auch so sein, im Dachsbau hätte Rolf nicht rasend viel Zeit, um abzuwarten, ob ich da jetzt d'accord gehe, wenn er den Dachs totbeißt. Am Ende wartet er zu lange ab, ist dann selber tot und das nennt man einen Selektionsnachteil für das Modell Dachshund. Also hört er lieber nicht, zur Sicherheit, auch wenn die Wohnung kein Dachsbau ist, der Innenhof unseres Wohnkarrees auch nicht, und der Bürgersteig schon mal gar nicht. Er hätte genügend Zeit um auf uns zu hören, ohne dass ihn ein Dachs totbeißt. Ist ihm aber egal. Funktionsprinzip ist Funktionsprinzip. „[...] haben wir immer so gemacht!" – Er wäre auch super an so mancher Stelle im öffentlichen Dienst aufgehoben!

Nun habe ich ihn dennoch, oder vielleicht auch gerade deshalb, in der Überschrift dieses Kapitels als Lebenslehrer tituliert. Somit will und muss ich Sie nunmehr teilhaben lassen, was ich von Rolf lernen darf. Vielleicht hilft Ihnen davon auch etwas weiter.

1. Lass dein Zeug nicht rumliegen. Diese Regel ist einfach und auch für mich als Mann inzwischen plausibel (was aber noch lange nicht heißt, dass ich mich daran halten muss). Zur Erklärung reicht in diesem Fall einfach nur ein Bild:

Bild 13: *Eine einfache Lektion zu Beginn. Man beachte den unschuldigen Blick ... der Dackelblick wäre auch eine Lektion wert.*

2. Verhalte dich konsistent. Hunde haben ein extrem feines Gespür. Kleinste Unstimmigkeiten zwischen gesprochenem Wort und nonverbaler Kommunikation entlarven Sie umgehend. Ein lasches „Nein" resultiert umgehend in dem Verzehr eines Kieselsteinchens. Ein laxes „Rolf, komm her" wird fabulös wegignoriert. Ein unbegeistertes „Super, Rolf!" führt nicht zur Verstärkung des gewünschten Verhaltens. Nur wer sich in seinem Verhalten und seinen Aussagen nicht widerspricht, kann einen Dackel (ab und an) überzeugen. In abgeschwächter Form gilt das auch für Menschen, ist dort aber nicht minder wichtig.

3. **Verhalte dich kohärent und sei dabei schnell.** Hunde haben eine sehr kurze Aufmerksamkeitsspanne. Wenn Sie den Hund loben, zwei Minuten, nachdem er irgendwann mal Ihr Kommando ausgeführt hat, ist der Zug abgefahren. Vielmehr gilt für den Hund, was unmittelbar auf ein Verhalten folgt. Und das sollte passen. Wenn Sie Ihren Hund ausschimpfen, unmittelbar nachdem er etwas richtig gemacht hat, wird er die Welt nicht verstehen. Kohärentes Verhalten wird in diesem Buch nochmals an anderer Stelle thematisiert und ist von großer Bedeutung, wenn es um Gesundheit geht, insbesondere in Bezug auf die emotionale Gesundheit. Hunde sind ein herausragender Kohärenzlehrer, weil Sie sich bei einem Hund nicht entschuldigen können. Ihr Verhalten zählt. Auch eine gute Lektion.

4. **Ihr Verhalten zählt.** Um Entschuldigung bitten ändert nichts am Verhalten, dass Sie gezeigt haben. „Tut mir leid, Rolf" ist kein Kommando. Für den Hund absolut unverständlich. Wenn Sie ganz lieb und fröhlich direkt zu ihm sagen „Tut mir leid, Rolf" wird der Hund sich freuen und wahrscheinlich mit der Rute wackeln. Sagen Sie dagegen mit einem bösen, harten Unterton, am besten laut „Tut mir leid, Rolf" wird er es als Kritik an seinem Verhalten empfinden und sich fürchten und/oder schämen. Der Inhalt ist für den Hund belanglos, weshalb die oben genannte Kohärenz wichtig ist. Auch wenn wir Menschen, wenn wir sozialisiert sind, Entschuldigungen annehmen können, bleibt das getan, was getan ist. Also sollten wir so miteinander umgehen, als würde die Option einer „Entschuldigung" überhaupt nicht bestehen. Oder bleibt bei Ihnen, nach einem Seitensprung des Partners, nach einer ordentlichen und ehrlich gemeinten Entschuldigung rein gar nichts an Groll und Verletzung übrig?

5. **Hab Spaß.** Hunde spielen, kampeln, rangeln. Wir tun das, ab einem gewissen Altern, kaum noch. Ein Fehler! Wir sollten alle spielen. Vom Enkel bis zur Oma. Ich jedenfalls bin angesteckt, wenn ein kleiner, schwanzwedelnder, borstiger Dachshund mit einem Strumpf im Maul zu mir gerannt kommt und mich anstubst. Ich kugle mich minutenlang über den

Parkettboden, lass mir ins Ohr zwicken und zwicke zurück. Und das sollten wir ins Leben transferieren. Begeisterungsfähigkeit – aus meiner Sicht eine atemberaubende Eigenschaft. „Die Jugend ist zu nichts mehr zu begeistern …" – Kennen Sie diesen Satz? Wie sieht es mit Ihnen aus? Nicht nur im Winter ist ab und zu vor der eigenen Tür kehren eine gute Idee.

6. Locker lassen. Stress, Anspannung, Burn-out. Wir sind wandelnde Wadenkrämpfe. Unnachgiebig unter Spannung. Hunde schlafen die überwiegende Zeit des Tages. An den ungewöhnlichsten Orten. Und das ist gut so. Wann lassen Sie mal alle Viere grade sein? Haben Sie heute schon an sich gedacht? Und ich meine nur an sich selbst. Ich nicht! Also nicht an Sie. Und auch nicht an mich. War morgens beim Herzarzt. Nicht für mich, sondern weil meine Partnerin Angst hat, dass ich bald einfach umfalle und tot bin. Jetzt schreibe ich ein Buch. Vielleicht ein bisschen für mich, aber vor allem viel für Sie, liebe Leserin und lieber Leser. Wir sind eine Gesellschaft von Menschen, die das Loslassen verlernen. Wie der Giraffenhals, der in der Evolution vermeintlich mit dem Erreichen der hohen Nahrung immer länger wurde, werden wir mit uns immer gnadenloser. Schluss damit. Hundetaktik!

7. Im Hier und Jetzt sein. Wenn ich mit Rolf durch den Park gehe, im herbstlichen Sonnenschein über raschelnden Blättern, ist Rolf im Park. Ich bin arbeiten. In meinem Kopf ist heute Abend, Meeting. Morgen, Vorlesung, Kurs, Patienten, Doktoranden, Projekte, Weltherrschaft … alles, außer das Jetzt. Zutiefst gesundheitsschädlich. Wann habe ich das letzte Mal wirklich einen Moment ausgekostet, ohne dass dieser unglaublich besonders war? Einen normalen, ganz selbstverständlichen Nachmittag? Ein Stück Kuchen und einen Bohnenkaffee? Ganz ehrlich? Ich weiß gar nicht, ob ich das überhaupt je gemacht habe. Als Jugendlicher, nach acht Wodka-Energy auf der Parkbank, Sternenhimmel anschauen, da war ich im Moment. Heute vertrage ich so viel nicht mehr und Sterne sieht man auch keine mehr. Alles viel zu hell heutzutage! Lassen Sie uns im Hier und jetzt ankommen. Und dort auch mal ein wenig verweilen …

Bild 14: *Einfach mal locker lassen. Worin Rolf den schwarzen Gürtel haben könnte, sind wir nicht mal mehr Anfänger.*

Bild 15: *In die Ferne blicken oder im Augenblick verharren? Das haben wir selbst in der Hand. Oder in der Pfote …*

Es ließen sich sicherlich noch mehr Lehren des Dachshundes ableiten, aber ich finde, sieben ist eine gute Zahl. Einprägsam. Zufrieden lehne ich mich auf meiner, von mir so bezeichneten „Fressbank" zurück. Der Esstisch ist längst zu meinem Schreibplatz mutiert. Ich atme durch. Rolf springt direkt aus seinem Nest und kommt zu mir gesprintet, als hätte ich ihn gerufen. „Wenn ich dich rufe, kommst du nicht", sage ich in einem positiven Ton. Er wackelt mit der Rute und blickt erfreut zu mir auf. „Was meinst du, sollen wir eine Mittagsrunde gehen?", frage ich. So schnell, wie er zu mir gerannt war, rennt er zurück und pflanzt sich mit einem beherzten Sprung direkt wieder in sein Nest. In Sekunden hat er sich eingerollt und stellt sich schlafend. Oder schläft sogar, was weiß ich denn schon ... Als hätte er verstanden, dass ich mit ihm rausgehen möchte, dreht er mir nun demonstrativ den Rücken zu. Vielleicht versteht er doch mehr, als er zugibt. Dieser Gauner. Stellt sich bewusst unwissend, dabei versteht er ganz genau, was ich von ihm will. Lässt mich hier ein ganzes Kapitel über seine vermeintlichen Lebensweisheiten schreiben, die ich mir mühevoll erschließen muss. Und lacht

sich heimlich schief in seinem Hundenest. Frechheit. Aber wer kann bei so einem Dackelblick schon lange böse sein?

Bild 16: *Der Dackelblick. Wenn ich ihn könnte, wäre vieles einfacher. Vielleicht.*

Zusammenfassung und Fragen

- ✓ Ein Tier, wie beispielsweise ein Hund, kann einem eine Menge beibringen, egal wie klein und vermeintlich einfach wir dieses Tier einschätzen.
- ✓ Bei Verhaltensweisen zählt die Konsistenz, also die Widerspruchsfreiheit.
- ✓ Achten Sie auf Kohärenz, also Verstehbarkeit von Verhaltensweisen in Ihrem Leben. Inkohärenz ist ein großes Risiko für Krankheiten.
- ✓ Entschuldigen Sie sich nicht, sondern achten Sie darauf, sich so zu verhalten, dass es keiner Entschuldigung bedarf. Das Geschehene ungeschehen machen ist allenfalls eine Wunschvorstellung.
- ✓ Haben Sie Spaß und leben Sie im Moment. Erkunden, spüren und gestalten Sie die Gegenwart. Nur diese liegt in unserer eigenen Hand.

? Wenn ich so handle, wie ich es beabsichtige, ist es dann für das Gegenüber wirklich so verstehbar? (Oder anders gefragt: Was wird mein Gegenüber verstehen, wenn ich so handle?)

? Was waren in der Vergangenheit Dinge, für die ich mich im Nachhinein entschuldigen „musste" und wie wären diese Dinge zu verhindern gewesen?

? Wo bin ich gerade mit meinen Gedanken, Handlungen und Plänen? Wie trägt dies dazu bei, dass es mir jetzt im Moment gut geht?

TIPP: Leben im Moment hat viel mit Achtsamkeit zu tun, wenngleich dieser Begriff inzwischen schon fast erschöpfend verwendet wird. Schulen Sie Ihre Wahrnehmung auf das Positive im Hier und Jetzt. Ein ganz einfacher Trick ist hierbei, sich selbst (oder einem anderen) an jedem Abend die drei schönsten Erlebnisse des Tages zu erzählen.

KAPITEL 11

Von Anglern und Bauern – wo ist das Glück?

„Jetzt schreibt dieser Schmalz auch noch vom Angeln, das will doch keiner lesen", denken Sie sich vielleicht jetzt. Womöglich haben Sie zum Thema Angelsport nicht den allergeringsten Zugang. Müssen Sie auch nicht haben. Vielleicht finden Sie an Angeln sogar etwas Schlechtes. Sinnlose Tierquälerei von vermeintlichen Naturburschen, die große Fische in die Kamera halten, um von ihrer weniger imposanten Ausstattung unterhalb des Bauchnabels abzulenken? Diese Art Angler gibt es, und es werden immer mehr. Die sozialen Medien sind gut gefüllt von Menschen, die beim Angeln besser gekleidet sind als viele in der Diskothek. Sie halten Karpfen in die Kamera. Faustregel: Fisch nah dran, Mensch weit weg. Ein Spiel mit der Perspektive, so sieht der Fisch größer aus. Lange Arme machen schon seit jeher einen guten Angler aus ... Diesen Trend finde ich nicht gut und ja, darin kann man eine gewisse Sinnfreiheit am Quälen von Lebewesen sehen, die an einem Haken hängen, zappeln und um ihr Leben kämpfen. Ich möchte jetzt nicht wieder die Analogie zu meinem Leben aufmachen, aber ein Mitgefühl für die Fische kann auch ich hier durchaus entwickeln. Diese Art von Angelsport möchte ich hier bewusst ausgeklammert wissen. Mir geht es um das ganz puristische Angeln. Wie mein Großvater vor mehr als einem halben Jahrhundert. Teil der Natur werden, einen Fisch überlisten, und damit der Familie eine Mahlzeit ermöglichen. Oder, der häufigere Fall, eben auch nicht ...

Seit meiner frühesten Kindheit, solange ich mich erinnern kann, bin ich Angler. Unzählige Stunden am Wasser. Mit verschiedensten Angelmethoden. Bäche, Flüsse, Seen, Teiche, jede Wasseransammlung, die über eine Pfütze reicht, zieht mich zeitlebens magisch an. Selbst das Regenfass hinter dem Haus meiner Großmutter. Mit selbstgebauten Angelgeräten versuchte ich selbst hier, Barsche zu fangen. Diese existierten leider nur in meiner Fantasie; das hinderte mich jedoch nicht, unnachgiebig und zielstrebig Stunden an den Regenfässern zuzubringen. Mit der Ausdauer und dem Durchhaltevermögen eines Marathonläufers.

Angeln ist besonders. Es erfordert Kenntnisse über die Natur, die Fische, Wetter und natürlich das zu verwendende Gerät. Früher habe ich die alten Angelruten meines Urgroßvaters mit Zwirn und Kleber repariert, mein zusammengekratztes Geld in den Angelladen getragen und mit einfachsten Mitteln geangelt. Nachts Tauwürmer gesucht, den Misthaufen bei meiner Großmutter durchwühlt. Statt einer Dose Cola kaufte ich eher eine Dose Mais, um damit Karpfen zu angeln. In der Einfachheit lag das Besondere. Als Ablage für die Angelruten diente der Lenker meines Fahrrads, mit dem ich ans Wasser fuhr. Ich las in alten Angelzeitschriften, überlegte mir Strategien. Ich stand morgens am Wochenende um 4 Uhr morgens auf. Ganz freiwillig und voller Elan. Der frühe Vogel fängt den Fisch. Ich genoss die Magie des Wassers, der Natur. Ich war, passend zu dem roten Ehrgeiz-Faden, der sich durch mein bisheriges Leben zieht, fanatisch. Angeln war einer meiner Lebensmittelpunkte, vielleicht sogar der Fokus in meinem jungen Leben. Über die Woche fieberte ich dem Wochenende entgegen. Freitagabend auf Aal angeln, in der Dämmerung. Den ganzen Samstag an „meiner" Stelle am Wasser. Sonntag bis Mittag, möglichst ab der Morgendämmerung. In der Schule träumte ich Tagträume von großen Aalen. Warum gerade Aale mich so faszinierten, kann ich nicht genau sagen. Es war wahrscheinlich vielmehr das Angeln in der Dunkelheit. Absolute Stille. Nacht. Ein leises Klirren – das war der selbstgebaute Metalldeckel, den ich in die Angelschnur geklemmt hatte, um anzuzeigen, wenn ein Fisch anbeißt. Die absolute Spannung. Ein Verschmelzen zwischen Natur und Angler, zwischen der stillen Bucht an der Talsperre und mir. Nennenswerte Fangerfolge, gar große Fische, waren selten. Und nicht so wichtig.

Was ist heute davon geblieben? Wenig. Das Equipment ist moderner geworden, umfangreicher. Aus einem kleinen Angelausflug wird heute schnell eine gefühlte Mondmission – zumindest, wenn man die Ausstattung sieht.

Bild 17: *Angeln, wie ich es aus der Kindheit und Jugend kenne. Einfach und puristisch. Eins werden mit der Natur. Als ich nach Leipzig kam, fuhr ich immer mit der Straßenbahn ans Wasser, mit einem Beutel und einer Angelrute.*

Bild 18: *Angeln heute. Eher eine Material- und Ausrüstungsschlacht als ein Naturerlebnis.*

Angeln war und ist ein großartiges Hobby von mir. Wahrscheinlich eher eine Passion. Unabhängig von der Ausrüstung und den großartigen Neuerungen, der Technik und neuen Materialien.

Ich stehe von meinem Schreibplatz auf. Ich gehe in mein Sportzimmer. Übrigens Sportzimmer, weil ich in diesem immer Sport gucke. Fußball. Dabei flippe ich richtig aus, lasse meinen Emotionen freien Lauf. Sozusagen mein Ausgleich. Gerade bin ich aber nicht zum Fußballgucken hergekommen. Kommt auch gerade keiner, ist ja mittags. Mein Ziel ist ein anderes. In meinem Sportzimmer steht ein schwarzer, zweckentfremdeter Kleiderschrank. Ich öffne ihn. Meine Angelsachen stehen, relativ geordnet, im Schrank. Ich nehme eine nagelneue Angelrute aus dem Schrank. „Noch nie benutzt", murmle ich vor mich hin. Ich streiche über den Korkgriff der Angelrute und spüre das Material unter meinen Fingerkuppen. Der Griff fühlt sich glatt und angenehm an. „Mal wieder einen richtigen Fisch fangen", murmle ich weiter, vertieft in mein Selbstgespräch voller glorreicher Angelsporterinnerungen. In meiner Nase hängt der Geruch von nagelneuen Angelruten. Ein bisschen riecht es nach Kunststoff, ein wenig nach Kork, ein wenig metallisch. Einfach wie neue Angelsachen eben. Ich öffne die andere Schranktür. Dieser Geruch ist eindeutiger: Hundefutter. Der Grund dafür ist, dass neben meiner Angeltasche auch das Futter für Rolf hier gelagert wird. Ich ziehe langsam den Reißverschluss meiner Angeltasche auf. Ich öffne mein sogenanntes „Fangbuch", ein Dokument, welches jährlich für den Angelverein ausgefüllt werden muss, um eventuell gefangene Fische zu dokumentieren. Ich blättere durch die Seiten. Ein Geruch von neuem, bedrucktem Papier steigt mir in die Nase. Kein einziger Eintrag. „Glückwunsch Großer, 365 Tage gearbeitet, null Tage am Wasser. Das nenn ich mal eine Work-Work-Balance." Ich ärgere mich und schäme mich fast ein wenig vor meinem jugendlichen Ich. Passion am Allerwertesten. Entschuldigen Sie den Beinahe-Kraftausdruck, liebe Leserinnen und Leser. Ich krame noch ein bisschen herum, lasse dann aber schnell den Schrank zufallen. „Hier vor den Schrank kommt das neue PPS, das Superfahrrad. Dann komme ich im Fall der Fälle nicht mal mehr an die Angelruten ran", setze ich mein Selbstgespräch fort. Ich fange an, ein wenig zu kichern, dann beginne ich zu lachen. „Was hast du nur aus dir selbst gemacht? Ein hochdekorierter Universitätsdoktor im Arbeitskäfig ..." Fange ich mich ein. Plötzlich ganz ernsthaft. Ich schüttle konsterniert den Kopf, streiche von außen über die hölzerne Tür des schwarzen Schrankes. Ich wollte eigentlich über Glück schreiben, nun stehe ich mit hängenden Schultern und gesenktem Kopf mitten im Sportzimmer und führe Selbstgespräche. Ich schlurfe aus dem Zimmer und begebe mich zurück an meinen Platz. Ich muss den Faden wieder aufnehmen. Angeln ...

Was verbindet das Angeln von vor 30 Jahren mit dem Angeln von heute? Neben dem Grundprinzip Angelrute, Rolle, Angelschnur, Haken, Köder? Raten Sie mit, es hat was mit dem Titel des Kapitels zu tun ... Und? Eine Idee? Ein Geistesblitz? Genau, Sie liegen goldrichtig: beim Angeln braucht man Glück. Zur richtigen Zeit am richtigen Ort sein. Der perfekte Köder für den perfekten Fisch. Der passende Tag, der ideale Moment. Und ich durfte beim Angeln leibhaftig erfahren, welche Bedeutung es hat, Glück zu haben – oder eben nicht.

Liebe Leserin, lieber Leser. Ich spreche Sie häufig an. Das sind Sie vielleicht nicht gewohnt, wenn Sie ein Buch lesen. Das tue ich, weil ich Ihnen dankbar bin, dass Sie sich die Zeit nehmen, dieses Buch zu lesen. Ich möchte Sie auf keinen Fall mit Angelsportgeschichten langweilen. Im Gegenteil, ich möchte Sie unterhalten und einen Bezug zum Glück herstellen, wenn es mir gelingt. Sollten Sie irgendwelche Angelbegriffe, die ich aus Gewohnheit verwende, nicht verstehen, ignorieren Sie diese einfach. Es geht mir vielmehr um die Geschichte, die ich Ihnen erzählen will. Genauer genommen, um die Geschichten oder kurzen Anekdoten, die sich im Folgenden in diesem Buch zutragen werden.

Kennen Sie den Spruch: „Die dümmsten Bauern ernten die dicksten Kartoffeln"? Dieser entstammt dem sogenannten Volksmund, oder wird zumindest von ebendiesem oftmals ausgesprochen. Der Volksmund ist so, als hätten wir alle („das Volk") einen gemeinsamen Mund. Da bleibt nicht viel für den Einzelnen, da müssen eher allgemeine Weisheiten rausgehauen werden. Ein Mund für 80 Millionen Menschen? Da geht es um Effizienz! Aber zurück zum Zitat. Das zugrundeliegende Prinzip ist dabei wahrscheinlich, dass das viele Denken und Optimieren eines „schlauen" Bauern, eher einen negativen Einfluss auf sein Agrarprodukt nimmt. Der „dumme" Bauer, oder nennen wir ihn vielleicht den „intuitiven", entscheidet nach Gefühl, handelt nicht bis ins letzte Detail überlegt und lässt den Dingen mehr Spielraum, um sich zu entwickeln. Dieses Prinzip kann man auch im Falle von „Anglerglück" wiederfinden.

Geschichte 1 spielt in der Vergangenheit, und zwar vor fast zwanzig Jahren. Steigen wir in unsere literarische Zeitkapsel und ab geht es. Ich nehme Sie mit, Moment, bitte anschnallen, „Erst gurten, dann spurten", zurücklehnen, sehr gut, Obacht! Jetzt kann es losgehen, auf in eine Szenerie, in der wir uns an einem Sommerferientag um 4 Uhr morgens befinden. Wunderschön bricht sich das erste Licht des neuen Tages hinter dem Waldrand auf der anderen Uferseite. Ein hauchzarter Schleier zieht über das Wasser in der kleinen Bucht, nahe einer Dampferanlegestelle einer Talsperre. Wir hören nichts. Außer ein leises Klappern. Unser Jugendangelsportfreund Gerhard baut an seiner Angelrute. Eine Woche lang hat er Köder präpariert. Genau an dieser Stelle die Fische auch schon angefüttert (in den vergangenen Tagen immer wieder Futter ins Wasser geworfen). Ein Rezept aus der Angelzeitschrift. Karpfenköder aus Katzenfutter. Liebevoll im Vorzelt des Wohnwagens zubereitet, gekocht und getrocknet. Alles für den perfekten Moment, ein Karpfen in der Morgendämmerung. Ein Sommerurlaubskarpfen, das große Ziel des gesamten Campingurlaubs. Lassen Sie uns ein wenig am Zeiger drehen ... 5 Uhr ... 6 Uhr ... 7 Uhr ... kein Karpfen, kein Fisch, nichts. Frustration, aber keine Resignation. Bis zum Schluss wird der Glaube an den Fisch aufrecht erhalten ... 8 Uhr ... 9 Uhr ... 10 Uhr ... in Ordnung. Hier passiert nichts mehr. Jetzt habe ich Sie an einen Sommermorgen mitgenommen, an dem gar nichts passiert? Eine Woche Vorbereitung, exzellente Strategie, Herzblut, maximaler Aufwand waren für die Katz (was beim Zubereiten von Karpfenködern aus Katzenfutter womöglich auch besser gewesen wäre) und das soll es dann gewesen sein? Wo ist da die Story mit dem Glück? Augenblick, während Sie sich hier geärgert haben, ist der Großvater des jugendlichen Gerhard gekommen. Geben Sie den Ereignissen noch einen Moment Zeit sich zu entwickeln. Mit dem Fahrrad, eine Angelrute auf dem Gepäckträger, in einem Discounter gekauft. Er sieht ausgeschlafen aus und so, als hätte er gefrühstückt. Schon mal zwei zu null für ihn. Was dann passiert, ist das „Bauernglück" – der Großvater knetet ein wenig Brötchen zusammen, nutzt dies als Köder und was passiert? Schauen Sie mal hin, da scheint etwas angebissen zu haben. Ein Karpfen. Toll. Minimaler Aufwand, maximaler Erfolg. Da ist der Jugendangelfreund bedient. Tja, mein Lieber, das macht man eben mit Erfahrung, mit Intuition. Oder ist es einfach Glück?

Zurück im Hier und Jetzt. Erst mal raus aus der Zeitkapsel. Mich machen Zeitreisen immer müde. Seis drum, wir sollten die Geschehnisse einmal kurz reflektieren. Fassen wir mal zusammen: Gerhard versuchte sein Glück buchstäblich zu erzwingen – mit Misserfolg. Sein Großvater wiederum hat sich die Dinge entwickeln lassen und intuitiv gehandelt – mit Erfolg. Lassen sich derartige Ereignisse reproduzieren, um daraus etwas abzuleiten? Aber hallo! An einem Forellensee lieferte mein Großvater eine sehr ähnliche Performance ab. Während ich die beste und ausgeklügelteste Strategie hatte, fing mein Großvater mit Würmern aus dem Misthaufen die Forellen. Nicht selten kam er an meinen Angelplatz, an dem ich schon viele Stunden erfolglos zubrachte, immer weiter meine Strategie optimierend, und fing die Fische. Irgendwann begann mein Onkel es ihm gleich zu tun. So fing dieser einen Karpfen mit einer geborgten Angelrute, in völliger Unkenntnis der Methode. Ich hatte sie sogar für ihn ausgeworfen und das Futter an den Platz gebracht. Alles Zufall? Ich glaube nicht.

Glück. Ein Thema, das eine Menge sehr schlauer Menschen bereits vor Jahrtausenden bearbeitet haben. Viele kennen den Ausspruch von Appius Claudius: „Jeder ist seines Glückes Schmied." Hierbei geht es aber, meiner Ansicht nach, weder um das Glück haben, sondern vielmehr, um etwas im Leben zu erreichen. Zu den oben beschriebenen Anekdoten passt Ciceros Aussage: „Das Glück ist blind." So wird das Glück folgerichtig nicht nach Bemühungen, nach Investition, nach Arbeit verliehen oder verteilt. Vielmehr folgt es keinen logischen, keinen kohärenten Gesetzen. Als Menschen fällt uns insbesondere eine Sache besonders schwer: Inkohärenz. Einfach könnte man sagen, es schadet uns, wenn Ereignisse nicht nachvollziehbaren und aus unserer Sicht gerechten Gesetzmäßigkeiten folgen. Zum Beispiel ist es kohärent, wenn wir viel Arbeit leisten und nachher viel Anerkennung erhalten. Für den Hund ist es kohärent, wenn er auf den Besitzer hört und dafür ein Leckerchen erhält. So weit, so gut. Ist unsere Welt kohärent? Nein! Es kann eben sein, dass wir extrem Arbeit investieren und schlussendlich keine Anerkennung dafür erhalten. Vielleicht sogar Kritik. Auf unsere Hundeanalogie übertragen bedeutet das, der Hund hört auf seinen Besitzer, erhält dafür aber keine Belohnung. Oder gar eine Bestrafung. Und das macht auf Dauer krank. Wir wünschen uns Gesetzmäßigkeiten. Der Apfel fällt runter vom Baum und eben nicht hoch. $E = mc^2$. Mittwoch ist Schnitzeltag.

Novalis sagt: „Glück ist Talent für das Schicksal." Wir haben es, oder wir haben es nicht. Wir können es nicht erzwingen. Es ist launisch. Es kann eben auch beim dümmsten Bauern landen. Letzteres fällt uns dann eben auch am stärksten auf. Hier verbirgt sich das Problem der selektiven Wahrnehmung. Von unzähligen Angelausflügen erinnere ich mich gerade an die, wo das Glück so außergewöhnlich gehandelt hat. Das folgt dem gleichen Prinzip wie ein Telefonanruf einer Person, an die man gerade erst gedacht hat. Hundertmal ruft jemand an, hundertmal denkt man an irgendwen. Durch Zufall fällt beides einmal zusammen und zack: Gesetzmäßigkeit erkannt. Wahnsinn. Das Leben ist doch ein einziges Volkstheater.

Selektive Wahrnehmung steht uns bei der Suche nach dem Glück im Weg. Die Suche nach dem Glück. Irgendwie paradox. Wir suchen etwas, das keinen rationalen Regeln folgt. Ganz nach dem Motto „Ich habe nie Glück" gehen wir durch den Alltag. Picken uns einen Glückspilz heraus. „Der Nachbar von meiner Schwägerin, wie hieß er noch gleich? Jedenfalls hat der bei einem Rubbellos 27.000 € gewonnen. Das muss man sich mal vorstellen. Nein, so ein Glück habe ich nie!" Fragen Sie diese Person niemals, ob sie jemals im Leben ein Rubbellos gekauft hat – die Antwort kennen Sie sicher schon vorher. Wir vergleichen also dazu noch Mandarinen mit Weintrauben. Sind verbohrt, negativ, fehlorientiert. Vielleicht müssen wir lernen, mit dem Thema Glück anders umzugehen.

Ein schönes isländisches Sprichwort lautet: „Suche das Glück nicht mit dem Fernrohr." Gut, die Isländer haben leicht reden. Die haben ja alles. Meer, Natur, Ruhe, ähm ... na, eben alles. Tatsächlich ist die (zwanghafte) Suche des Glücks mit dem Fernrohr häufig unsere fatale Strategie, mit der wir krachend scheitern. Ob wir krampfhaft unseren Partner fürs Leben suchen, unbedingt ein Berufsziel erreichen wollen, mit allen Mitteln den Sommerurlaubskarpfen fangen wollen. Wir stehen uns selbst im Weg. Wir suchen das Glück in der Ferne, irgendwo anders und irgendwann anders. Sehen dabei selektiv und nehmen wahr, was wir wahrnehmen (wollen). Ein bisschen philosophisch ist es an dieser Stelle zugegebenermaßen geworden. Etwas zu suchen, das sich nicht greifen lässt, nicht vorhersagbar und nicht kohärent ist ... Herkulesaufgabe. Mich hat das Angeln gelehrt, die Ungleichverteilung des Glücks akzeptieren zu wollen – von wirklicher Akzeptanz bin ich allerdings noch weit entfernt. Sollen wir uns nun zurücklehnen, geduldig abwarten, bis das Glück von alleine kommt? Hält man es mit Helmuth von Moltke: nein; dieser sagte: „Glück hat auf Dauer nur der Tüchtige." Sehen Sie das Kernproblem? Hier drehen wir uns im berüchtigten Kreis.

Die Glücksstrategie – davon könnte ein ganzes eigenes Buch handeln. Ich bin weiß Gott kein Glücksexperte und auch nicht das, was man gemeinhin einen glücklichen Menschen nennt. Also, offensichtlich nicht der perfekte Autor für ein Glücksbuch. Das ist auch nicht mein Anspruch. Vielleicht kann man den Spruch der Isländer, welchen ich oben angeführt habe, auch nochmal etwas anders auslegen. Im Fernrohr sehen wir nämlich immer nach vorn. In die Ferne, vielleicht auch in die Zukunft und verpassen, was um uns herum passiert. Haben einen engen Fokus, einen Ausschnitt. Ein Blickfeld, nicht größer als ein Bierdeckel. Weg von uns gerichtet. Nicht im Moment, sondern in einer anderen Zeit schwelgend. Wenn ich all diese Punkte zusammennehme, ergibt sich ein immer noch etwas unscharfes Bild. Was nehme ich trotzdem hieraus mit? Zunächst einmal macht es keinen Sinn, das Glück mit der Brechstange zu suchen, oder zu Jagen. Das kostet Energie und hilft nicht, die Ungleichverteilung auszuhebeln. Natürlich hat Moltke ein Stück weit recht. Um auf das Bild des Anglers zurückzukehren, bleibt zumindest kohärent, dass wir nur Fische fangen können, wenn wir auch angeln gehen. Und natürlich erhöht sich die Chance mit der Zeit, die wir in dieses Unterfangen investieren. Aber weit entfernt davon, sich linear zu entwickeln, oder in eine Formel ummünzbar zu sein. Auch scheint es mir sinnig, das Glück bei mir selbst zu suchen, vielleicht bei Menschen, die mir besonders nahestehen. Ich brauche einen Weitblick, muss das Glück sehen, wenn es gerade links neben mir liegt, vor mir entlang rennt oder mich anruft.

Schlussendlich finden wir Glück womöglich besonders im Moment. Das geht uns in der heutigen Zeit besonders ab. Wir haben diesen Aspekt schon im Hundekapitel gesehen. Den Tag rumkriegen. Das Pensum abspulen. Die Aufgaben des Tages bewältigen. Wo schaffen wir uns Raum dafür, Glück zu empfinden? Nehmen wir uns doch ein Beispiel an Lebewesen, die in der Lage sind, das Glück im Moment zu empfinden, weil sie gar nicht nach morgen oder übermorgen schauen können. Das kann ich überdies auch nicht – ich glaube nur immer, es zu können. Und Sie?

Bild 19: *Das Glück im Moment sehen. Nehmen wir uns doch ein Beispiel an Lebewesen, die nur im Moment leben. So verpassen wir keinen Moment des Glücks.*

Zusammenfassung und Fragen

- ✓ Das Glück ist ein schwer zu definierendes und nicht klar einzufangendes Konstrukt. Wir alle streben danach in irgendeiner Form, machen sein Fehlen für Misserfolge oder Probleme verantwortlich.
- ✓ Was wir mit Glück bezeichnen, könnten wir auch Zufall nennen – denn genau das ist es, wenn Sie im Lotto gewinnen (vorausgesetzt Sie haben einen Schein gekauft).
- ✓ Glück ist meistens keine Frage der Anstrengung, Vorbereitung oder Ausstattung. Paradoxe Phänomene (wie das mit den dümmsten Bauern, die gerade ausgerechnet die dicksten Kartoffeln haben müssen) nehmen wir selektiv verstärkt wahr.

✓ Bei der (teils verzweifelten) Suche nach dem Glück verpassen wir es schnell.

✓ Glück haben und glücklich sein sind zwei verschiedene Dinge. Bei Zweiterem geht es vor allem darum, es zuzulassen.

? Wo habe ich in der Vergangenheit die Ausrede genutzt, einfach kein Glück zu haben und wie hat es meine Herangehensweise beeinflusst?

? Wo war ich möglicherweise überrascht davon, wie einfach das, was ich suchte, zu finden war?

? Ist dieses Glück, was ich gerade bei einem anderen beobachte, wirklich mit einem übergeordneten Phänomen erklärbar, oder ist es einfach nur Zufall?

TIPP: Wenn Sie statt Glück den Begriff Zufall nutzen, fällt es Ihnen leichter, nicht zu verallgemeinern und einen neuen Versuch zu wagen. So wird aus dem Zustand kein Glück zu haben eine zufällige Niederlage, aus der wir lernen können, um erneut anzugreifen.

KAPITEL 12

Das Leben von der Hand in den Mund

„Kommt eine Frau zum Zahnarzt ..." – So oder so ähnlich geht der eine oder andere Witz los. Zahnarztwitze sind deswegen so beliebt, weil Zahnarztbesuche meist überhaupt nicht witzig sind. Machen Sie doch mal eine Umfrage in Ihrem Bekanntenkreis: Gehst du liebend gern zum Zahnarzt, ja oder nein? Sie werden zwei Gruppen von Menschen haben. Ein (kleinerer) Teil wird sagen, ja klar, gehe immer, habe nie was, solange ich nix habe, alles prima. Der größere Teil wird sagen: „Hau mir bloß ab!" – Zu recht. Die Liegeposition, das Unangenehme, im blödesten Fall sogar Schmerzen. Zahnärzte stochern immer irgendwo rum. Mit irgendwelchen Haken oder Sonden oder Kratzinstrumenten. Die Augen reichen ihm oder ihr selten zum „Nachschauen" aus. Es wird gepustet, gekratzt, gestochert. Am Zahn, am Zahnfleisch, überall. An der Lippe gezogen, die Zunge weggedrückt, Spucke abgesaugt. Eine große Spritze, ein Stich, ein brennender Schmerz, der bis ins Auge, die Nase, den Hinterkopf zieht. Und dann dieser höllische Krach ...

Jetzt habe ich Ihnen richtig schön unangenehme Zahnarztgedanken produziert. Vielleicht haben Sie, so wie ich auch, Angst oder zumindest ein mulmiges Gefühl vor dem Zahnarztbesuch. Womöglich meiden Sie den Zahnarzt oder werden jedes Jahr kurz vor Weihnachten notgedrungen zum Bonusheft-Touristen in der Zahnarztpraxis. Vielleicht sind Sie auch bei einem guten Fachkollegin oder einer guten Fachkollegin gelandet, wo Sie sich wohlfühlen und brav zur Zahnreinigung gehen. Damit die Zähne erhalten bleiben. Das gute alte Geschäft mit der Angst. Und damit will ich nicht den Sinn von Prophylaxemaßnahmen anzweifeln, im Gegenteil, die machen schon eine Menge Sinn. Die persönliche Mundhygiene, bestehend aus Zähneputzen, Fluorid und einer zuckerbewussten Ernährung haben schließlich auch zu einer enormen Reduktion von Zahnkrankheiten geführt. Ich möchte hier aber keineswegs über die perfekte Mundgesundheitsstrategie informieren. Dutzende Male habe ich auf Fortbildungen bei Medizinern beziehungsweise Nichtzahnmedizinern nach meinen durchaus tiefgehenden Fachvorträgen die Frage: „Und, sagen Sie mal, mal unabhängig von Ihrem Vortrag, was ist denn nun die beste Zahnbürste?" gehört. Für mich als Zahnarzt, der es eigentlich hasst, als Zahnarzt wie eine Art besser Klempner angesehen zu werden (dazu später mehr), und sich deshalb damit beschäftigt, wie viel Medizin in Zahnmedizin steckt, die Höchststrafe. Wenn Sie diese Fragen haben, fragen Sie Ihren Zahnarzt. Ich kann mich in diesem Buch nicht um alles kümmern.

Na gut. Ich kann Ihren enttäuschten Blick nur sehr schwer ertragen. Wollte eigentlich hart bleiben. Aber da habe ich mich wieder schön breitschlagen lassen. Also exklusiv für Sie, liebe Leserin, lieber Leser, die Auflösung auf die häufigsten, mir gestellten Mundgesundheitsfragen im Schnelldurchlauf:

I)   Welche Zahnbürste soll ich nehmen? → Kommt darauf an. Wenn Sie gesunde erwachsene Menschen sind, reicht eine Handzahnbürste. Haben Sie schon eine Vorerkrankung des Zahnfleischs (Parodontitis), profitieren Sie von einer elektrischen Zahnbürste. Ebenso, wenn Sie schon im Rentenalter sind. In beiden Fällen tut es ein relativ einfaches Modell, solange Sie es richtig und systematisch anwenden.

II) Welche Zahnpasta soll ich nehmen? → Völlig egal, solange sie Fluorid enthält.

III) Muss ich Zahnseide verwenden? → Jein. Die Reinigung der Zahnzwischenräume macht sehr viel Sinn und deshalb sollten Sie diese betreiben. Je nachdem, wie groß die Zwischenräume sind, sollten Sie passende Zahnzwischenraumbürsten oder, im Falle sehr enger Zwischenräume, Zahnseide verwenden.

IV) Kann ich mit einer Mundspülung das Zähneputzen ersetzen? → Nein! Die mechanische Reinigung ist das Wichtigste.

Verzichten Sie lieber auf die Mundspülung, außer sie wird Ihnen vom Zahnarzt empfohlen, beispielsweise nach einer Operation im Mund oder bei einer akuten Entzündung.

V) Soll ich zur professionellen Zahnreinigung gehen? → Ja, das sollten Sie. Bitte lassen Sie sich hierzu von der Zahnarztpraxis Ihres Vertrauens beraten.

So. Da haben Sie's. Ich hoffe, Sie sind damit zufrieden. Dieses Kapitel soll aber eigentlich überhaupt nicht darum gehen, was ich Ihnen als Zahnarzt empfehle zu tun, oder nicht zu tun. Nicht über Mundgesundheitsprobleme unserer Zeit und nicht über die tollen, (aus meiner Sicht) bahnbrechenden Ergebnisse meiner Forschungsarbeit. Ich möchte dieses Kapitel einer anderen, für Sie vielleicht neuen (oder falls Sie Zahnmediziner sind, bekannten) Perspektive widmen. Der Zahnarztperspektive.

Heute denke ich immer noch an den Tag, an welchem ich die Bewerbung für ein Zahnmedizinstudium, damals noch über die sogenannte zentrale Vergabestelle für Studienplätze, gestellt habe. Aus privaten (und im Alter von 18 Jahren in dieser Hinsicht maximal naiven) Gründen war es für mich alternativlos, ein Studium in Leipzig zu beginnen. Als ausgesprochen fauler Schüler reichte mein Abiturschnitt mit 1,6 sicher zu Zahnmedizin in Leipzig, zu Humanmedizin in Leipzig wäre es knapp geworden. (Hätte am Ende aber auch gereicht.) Zu dieser Zeit durfte man sich nur für eines der beiden bewerben und nicht für beide Fächer gleichzeitig. Also stand ich vor der Entscheidung: Sicherheit und Zahnmedizin vs. Unsicherheit und Humanmedizin. Ich entschied mich für den Kompromiss, unwissend, dass man bei einem Kompromiss immer verliert. Ich hatte das in einem vorhergehenden Kapitel bereits angerissen: Kompromisse sind eine Loose-Loose-Situation. Aber egal, einmal eingeschlagen, war mein Weg dann zementiert. Ich zog es, wie andernorts in diesem Buch schon beschrieben, durch und landete an der Universität. Um mit der Arbeit in der Schnittstelle zwischen Zahn- und Humanmedizin seither zu kompensieren, dass ich meinen Traum vom Arzt nicht erfüllt habe. Ich begeistere tagtäglich junge, angehende Kolleginnen und Kollegen für ein Fach, dessen Außenwahrnehmung ich im Inneren seither nicht mag. Ich bin dabei nicht unehrlich zu den Kommilitonen. Zahnarzt ist ein geiler Beruf. Nur eben nicht für mich. Ich würde vielleicht lieber auf dem Mond Herzen transplantieren. Aber der Zug ist für mich abgefahren.

„Schau mal. Hat mir mein Zahnarzt recht neu gemacht. Ist das eine gute Arbeit?" Mit diesen Worten bekomme ich die Unterkieferprothese meines Onkels auf den Tisch gelegt. Den Esstisch. Beim Essen. Wenngleich selbiges für mich ab diesem Zeitpunkt beendet war, tat dies meiner Höflichkeit keinen Abbruch. Ich selbst, Student der Zahnmedizin im zweiten Studienjahr, hatte eine solche Prothese noch nie gesehen. Wann auch? Im Biochemiepraktikum oder auf dem Präpariersaal in der Anatomie gab es zu dieser Zeit andere Themen. Ich musterte die Konstruktion aus Metall und Kunststoffzähnen. „Super Arbeit. Richtig gut!", sagte ich. Mein Onkel war zufrieden. Ich nicht.

Menschen sind beim Thema Zahnarzt teilweise hemmungslos. Als ich in einem MVZ auf dem Land gearbeitet habe, rissen Menschen im Supermarkt den Mund auf und zeigten mir ihr Zahnproblem. Unaufgefordert und nur weil sie mich als „den Zahnarzt" entlarvt hatten. Ein Glanzlicht war immer sowas wie „Tag der offenen Tür". „Ach, Sie sind der Zahnarzt? Schauen Sie mal …" und zack war der Mund weit aufgezogen und der verwahrloste intraorale Zustand für das kundige Auge offengelegt. Ich frage mich immer, ob ich auch nur ein einziges vergleichbares „Gespräch" geführt hätte, wenn ich Gynäkologe geworden wäre. Wie viele Schwangerschaften hätte ich wohl in meiner Garage festgestellt? Wie viele fungale Infektionen im Supermarkt diagnostiziert? Wie viele Brustkrebsvorsorgen beim Feuerwehrfest gemacht? Ich hoffe, die Antwort auf alle Fragen lautet „null". Vielleicht halten die Menschen auch den Zahnarzt für dermaßen stumpf, dass der Beruf auch an der Supermarktkasse ausgeübt werden kann. Natürlich ist es auf den ersten Blick einfacher, mir am Spielplatz die Zähne einer Vierjährigen anzusehen, als mal eben eine angeborene Schilddrüsenfehlfunktion zu diagnostizieren. Das Maß an fehlender Distanz und Diskretion bleibt jedoch dasselbe.

Auch im tatsächlichen Habitat des Zahnmediziners, der zahnärztlichen Praxis oder Behandlungseinheit gibt es einige Besonderheiten, die im Kleingedruckten stehen sollten. Mit einem Mythos, nämlich dem, dass Zahnärzte Sadisten sind, möchte ich direkt aufräumen. Ich kenne nur einen einzigen Kollegen, der ein wirklicher Sadist ist. Also in seiner Funktion als Zahnarzt. Menschlich gesehen fragwürdige Chefs, Kollegen und Lehrende gibt es dagegen zu Hauf. Was ich ursprünglich adressieren wollte: Es ist nicht schön, Menschen Unbehagen und Schmerzen zu bereiten. Gefürchtet zu sein, obwohl man im Grunde echt ein netter Kerl ist, scheint ebenso wenig erstrebenswert. Der Umgang mit Menschen, die panische Angst haben, weinen, oder auch während der Behandlung flüchten ist nicht leicht. Das Ganze noch in einer Arbeitshaltung, die den eigenen Körper ordentlich zerstört, macht das ganze emotional und körperlich zum Knochenjob. Ich will nicht jammern; müsste ich einen Tag 12 Stunden Spargel stechen, wäre ich danach wahrscheinlich verschieden. „Alles hat seinen Hund", wie meine Oma zu sagen pflegte. Dennoch möchte ich hiermit eine Lanze für Ihre Zahnärzte brechen.

Daneben hat das Zahnarzt-Dasein auch mitunter seine eigene Situationskomik. Wenn ein Patient zu Ihnen kommt, meistens Freitagnachmittag. Vor der Praxis raucht er noch schnell eine seiner 35 Zigaretten am Tag zu Ende, richtet sich das schüttere Haar und stapft strammen Schrittes auf Ihren Behandlungsstuhl zu. Die Jeansjacke, die er über dem ausgeblichenen Jeanshemd trägt, ist fleckig und riecht nach, na ja, Gaststätte. Der Gebisszustand ist desolat, der letzte Zahnarztbesuch wahlweise „vor der Wende", „nach der Haftzeit" oder „als Kind irgendwann". Das Anliegen: Es gibt Beschwerden, der Zahnarzt soll nachschauen. Aber nur nachschauen, auf keinen Fall etwas machen, so kurz vor dem Wochenende. Und „Junger Mann, nicht mehr als die gesetzlich vorgesehene Regelversorgung" – geht alles vom Zigarettenbudget ab. Natürlich wird der Zahnarzt konsequent geduzt, am Ende wahlweise gelobt (wenn man nichts macht) oder auch, na ja kritisiert. („Das tut weh, du Affe!") Der Nächste bitte ...

Bitte verstehen Sie diese Aussagen weder despektierlich noch gehässig. Schon gar nicht von oben herab. Menschen setzen Prioritäten, das ist natürlich und legitim. Ab einem gewissen Punkt wird es nur schwierig, Wunder zu bewirken. Da brauchte es anstelle von Sonde und Kittel dann doch eher Zauberstab und Umhang.

„Der Schmalz", werden Sie jetzt vielleicht denken, „der soll mal hier nicht auf die Tränendrüse drücken. Schließlich sind dafür alle Zahnärzte reich!" Das habe ich am Anfang auch gedacht. Auch wenn man von der eigenen Hand im Mund fremder Menschen nicht von der eigenen Hand im eigenen Mund leben muss, würde ich nicht von unermesslichem Reichtum sprechen. Wenn ich reich werden wollte, wäre ich irgendein Topmanager geworden. Oder professioneller Rubbellos-Rubbler. Oder berühmter Schauspieler mit einem unterhaltsamen Bühnenprogramm. (Ich nehme gerne Aufträge an!) Ich google jetzt erst mal, was man als Bestsellerautor verdient. Sonst lasse ich das Buchprojekt direkt bleiben. Können Sie mal sehen, was Sie dann lesen. „In acht Schritten zum Millionär", zum Beispiel. Wie viele Millionäre wohl durch ein solches Buch Millionäre geworden sind? Oder vielleicht das Buch „Mutig genug werden, um endlich ein Buch über Mut zu lesen". Oder „Zählen lernen in sieben einfachen vierundzwanzig Schritten, Teil zwei". So eine schöne Million verdienen. Oder zwei, dann könnte ich eine auf die hohe Kante legen.

Wie auch immer mein Bestseller laufen wird. Ich wünsche mir, dass Ihnen der Einblick in die Welt der Zahnärzte (streng genommen nur eines einzigen, nicht repräsentativen Subjekts) ein paar Informationen von der anderen Seite des Behandlungsstuhls liefert, die für Sie interessant sind. Vielleicht hält es Sie auch davon ab, Ihrem Neffen, wenn er eines Tages Zahnmedizin studiert, Ihre Prothese auf den Esstisch zu legen. Oder Sie werden gerade dazu animiert, an einer Supermarktkasse die Zähne zu zeigen. Wie auch immer Sie sich entscheiden: bleiben Sie (Mund-)gesund!

Zusammenfassung und Fragen

✓ Sie sollten etwas für Ihren Mundgesundheitszustand tun. Die Antworten auf die mir am häufigsten gestellten Fragen finden Sie oben im Kapitel.

✓ Zahnärzte sind auch nur Menschen. Zumindest alle, die ich kenne.

✓ Manche Menschen zeigen gern ihre Zähne, oder legen diese gar auf den Tisch. Tun Sie dies bitte nicht.

✓ Auch wenn Sie sich beim Zahnarzt nicht wohl fühlen, gehen Sie bitte trotzdem regelmäßig hin (und regelmäßig meint hier nicht alle 10 Jahre).

✓ Nicht alle Zahnärzte sind reich. Manche müssen sogar Lebensratgeber schreiben.

? Wann habe ich das letzte Mal den Zahnarzt aufgesucht und wann sollte ich dies das nächste Mal tun?

? Was gewinne ich, wenn ich den Empfehlungen in diesem Buch in Bezug auf Mundgesundheit folge, und was muss ich dafür investieren?

? Welchen Stellenwert hat die Gesundheit meiner Zähne in meinem Leben und welchen sollte sie haben?

KAPITEL 13

Und nun kritisch – eine Welt voller kaputter Systeme

Bitte erlauben Sie mir, liebe Leserin, lieber Leser, auch ein wirklich kritisches Kapitel. Ich habe in meinem Berufsleben bisher einige wirklich spezielle Dinge erlebt, die meine Sicht auf die Welt massiv verändert haben. Dieses Kapitel ist keine Abrechnung und keine öffentliche Kritik an einzelnen Menschen und darf als solche nicht explizit verstanden werden. Es werden keinerlei Namen genannt. Ich bin wahnsinnig motiviert, dieses Kapitel zu schreiben. Vielleicht merken Sie dies, da es sich wahrscheinlich etwas weniger amüsant liest als die vorhergehenden. „Eine Art Ratgeber" hat aus meiner Sicht jedoch den Anspruch, auch klar zu kritisieren und, darüber hinaus, auch aus diesen Aspekten wichtige Dinge herauszuarbeiten. Lassen Sie uns auf die Reise in die Welt der Systeme gehen, um ein ganz spezielles System kennen zu lernen.

In meinen Studiengängen, die ich auf dem zweiten bzw. dritten Bildungsweg absolviert habe, hat mich diese eine Sache ganz besonders fasziniert: Systeme. Wir alle kennen sie, wir alle nutzen sie und die wenigsten von uns werden sie jemals verstehen. Ganz besonders hat mich dabei der sogenannte Konstruktivismus beschäftigt. Lassen Sie sich bitte nicht von Fachbegriffen abschrecken. Einfach gesagt, bedeutet Konstruktivismus, dass sich jeder Mensch in einem System seine subjektive Wirklichkeit erschafft, oder zumindest diese wahrnimmt und erlebt. Das zerstört unsere ureigene Vorstellung, dass es die „objektive Realität" in Systemen, in unserem zwischenmenschlichen Leben gibt. Man mag es kaum für möglich halten, aber so ist es. Und gleichsam ist es für mich die einzige Erklärung, weshalb auf der Welt viele Dinge so laufen, wie sie es tun. Gehen wir, bevor wir praktische Beispiele betrachten, noch ganz kurz auf theoretische Grundpfeiler (bitte lassen Sie sich auch davon nicht abschrecken) ein.

Um die Welt wenigstens im Ansatz verstehen zu können, müssen wir einige Aspekte verinnerlichen und, ich weiß, sehr schwierig, akzeptieren. Fangen wir mit etwas ganz Einfachem an. Menschen sind keine trivialen Maschinen. Was unterscheidet Sie, liebe Leserin und lieber Leser, und auch jeden Nasenaffen, Mandrill oder Makaken von einem Eisbär-Softeisautomaten? Viel, klar. Aber eine Eigenschaft ist besonders hervorhebenswert. Nehmen wir den Eisbäreisautomat. Sie geben etwas Vordefiniertes herein, ein Euro zum Beispiel, und Sie erhalten ein Softeis. Ein tolles Erlebnis. Als ich Jugendlicher war, stand ein solcher Automat in der Stadt. Ein Euro rein und ab ging der wilde Spaß. Der Automat sang, spielte eine frohe Melodie, und gab süßes, kaltes Softeis langsam, aber bestimmt aus der dafür vorgesehenen Öffnung ab, um es in eine Eiswaffel fließen zu lassen. Sommer wie Winter. Tag wie Nacht. Egal ob ein völlig betrunkener Teenager einen Euro einwirft, oder der Großvater, welcher seinen vierjährigen Enkel auf einem Spaziergang mal für ein paar Minuten ruhigstellen möchte. Sie sind anders! Sie reagieren individuell, verarbeiten, werden von einer Vielzahl an äußeren Faktoren beeinflusst und produzieren ein nicht vorhersagbares Ergebnis. Ist nicht Ihre Schuld. Machen wir alle so. Nehmen wir den Satz: „Ich freue mich, wenn du zu Hause bist, dann weiß ich, dass die Küche abends immer noch so aussieht, wie ich sie hinterlassen habe." Diesen hörte ich erst kürzlich. Der Satz könnte ein Kompliment sein (ich habe die Küche nicht versaut, als ich mir ein Sandwich gemacht habe), Kritik (ich habe nicht aufgeräumt) oder was auch immer. Wenn ich gerade entspannt bin, reagiere ich gelassen und mit einem Späßchen auf die Kritik. Wenn ich gerade angespannt bin, kann ich auch wegen eines Kompliments unverhältnismäßig reagieren. Oder ich habe staubgesaugt und meiner Partnerin fällt nur die dämliche Küche auf, in der ich gar nichts gemacht habe. Habe schließlich den ganzen Tag nichts als Lebkuchen gegessen. Ok, zugegeben, ich sauge nie. Aber das ist ja auch nur ein Anschauungsmodell, das darf ich als Schriftsteller ja wohl gestalten, wie ich will!

Den zweiten Punkt habe ich oben bereits beschrieben. Jeder schafft sich seine eigene Wirklichkeit. Es existiert keine Objektivität, sondern nur eine Sammlung aus Subjektivität. Natürlich können wir moralische Richtlinien anlegen und sagen, aus der christlichen Wertemoral ist es objektiv gesehen nicht gut, jemanden wegen seines Glaubens zu töten. In einem anderen System, mit einer anderen Kultur und Wertevorstellung ergibt aber der Konsens der Subjektivität, dass es völlig in Ordnung ist. Bitte verstehen Sie mich nicht falsch, das ist „harter Tobak", wie mein Großvater gerne sagt. Spannend ist der Ansatz, dass jeder „objektive Beobachter" in einem System auch immer Teil dieses Systems wird. Weil er auch nur seine subjektive Meinung bildet. Er mag sich für diese Rechtfertigungen holen, aus der Bibel, dem Grundgesetz, einem Harry-Potter-Teil. All diese Dinge jedoch entstammen Sammlungen subjektiver Ansichten. Selbst die Bibel ist eine Sammlung an Subjektivität. Und wenn es ihn gibt (was ich hoffe), ist sie im Bestfall die subjektive Sicht vom lieben Gott. Und in der Summe führen alle diese Aspekte zu einem Dilemma, das wir alle haben. Wie schon im Kapitel zu Geduld ausgeführt, entbehrt sich oftmals die Logik hinter vermeintlichen Ursache-Wirkungs-Beziehungen, also Kausalitäten. Das ist auch klar. Logik und Kausalität funktioniert beim Eisbäreisautomat, aber nicht beim Chef, Vermieter oder Fahrkartenkontrolleur.

Eisbäreisautomat + Euro = Softeis

Chef + Information A + unklare Variablen = Ergebnis A, Ergebnis B, Ergebnis C oder …

Ein tolles Beispiel, um sich mit Systemtheorie am praktischen Beispiel zu befassen, bezeichnet einige meiner persönlichen Erfahrungen an der Universität. Ich möchte, wie immer, nicht verallgemeinern. Ich bin mir sicher, es gibt da draußen tolle Klinikdirektorinnen und Klinikdirektoren, die hervorragend mit ihren Mitarbeitern/Mitarbeiterinnen und Patienten/Patientinnen umgehen. Ich habe selbst schon eine Vielzahl an Universitätsprofessoren/-professorinnen kennengelernt, für die das Folgende in keiner Weise gilt. Es gibt aber auch andere, mutmaßlich weniger gut als Führungskraft geeignete Menschen, die in entsprechende Führungspositionen kommen. Und diese werden von bestimmten Systemen nicht nur geduldet, sondern teilweise sogar unterstützt. Weil es eine Perspektivfrage ist. Weil es keine objektiven Realitäten gibt. Somit lesen Sie hier auch nur meine subjektive Meinung.

Ein erstes Beispiel entstammt wieder meinem beruflichen Leben, was im Grunde den Großteil meines Lebens ausmacht. Ich bin in meinem beruflichen Kontext stets ein Arbeitstier. Trotz starker gesundheitlicher Einschränkungen scheue ich keine Aufgabe, keine Mehrarbeit, keine Verantwortung. Als publikationsstärkster Mitarbeiter (der Mitarbeiter, der am meisten veröffentlicht) und mit einer Liste von Projekten und Aufgaben betrat ich den Raum zu meinem sogenannten „Zielgespräch". Dieses Gespräch dient dazu, dem Mitarbeiter etwas „Druck zu machen", um sich immer weiter bei der Menge und dem Umfang seiner Arbeit zu steigern oder irgendwann frustriert aufzugeben. Anstatt eines Lobliads auf meine enorme Leistung, die ich in jedem Jahr aufs neue abrufe, bekam ich den gewohnten und gezielten Tritt vor den Koffer. „Du bist als Führungskraft dieser Abteilung überhaupt nicht präsent." Das war alles. Der Giftpfeil traf mich mitten ins Herz. Ein starkes Stück. Aus meiner Sicht objektiv völlig falsch. Aus der Sicht des Chefs völlig richtig. Denn was dieser für „präsent" definiert, weiß nur er selbst. Sind andere Mitarbeiter deutlich publikations- und leistungsschwächer als ich? Aus meiner Sicht ein absolut glasklares Ja. Aus der Sicht mir nahestehender Kollegen ein absolutes Ja. Aus der Sicht des Chefs ein absolutes Nein ... Das Ursache-Wirkung-Prinzip greift nicht. Schwer zu akzeptieren, aber Akzeptanz ist hier ein absolutes Muss. Ich konnte es nicht akzeptieren und habe bei der Arbeit noch zwei Schippen draufgelegt. Die Folgen: Mobbing, Burn-out und am Ende sogar ein kardiovaskuläres

Ereignis. Und natürlich noch weniger Freizeit. Glückwunsch, eine Bilderbuchbilanz! Aber eben alles nur subjektiv ...

Beispiel zwei entstammt einer jungen Kollegin. Enorm ambitioniert, motiviert, engagiert. Also im Prinzip alles, worüber sich alle immer beschweren, dass es nicht mehr existent sei. Die junge Kollegin war bei den Studierenden enorm beliebt. Kein Wunder, sie setzte sich sehr dafür ein, dass diese etwas lernen und dabei nicht emotional überstrapaziert werden (schon mal schlechte Grundvoraussetzungen in einem System, welches eher dem „Demutsprinzip" treu zu sein scheint). Die junge Kollegin war sehr früh promoviert (Jahre früher als ich) und wissenschaftlich schnell mit einem guten Fundament ausgestattet. Mehr Publikationen als bei allen anderen Assistenzärzten/innen zusammen standen zu Buche. Daneben wissenschaftliche Preise, Projekte und Anerkennung. Paradoxerweise Gift für das System, wie sich herausstellte. Bereits früh begann das Mobbing gegen die Kollegin. Psychoterror. Und das perfide Spiel. Das Beste für das System sind dabei befristete Verträge, die den Regelfall ausmachen. Die Steilvorlage für Geschichten wie diese. Im Vertragsverlängerungsgespräch, das laut Gedächtnisprotokoll keine vier Minuten dauerte, sagte der Chef nur, er sehe überhaupt keine Weiterentwicklung und keine Perspektive an der Hochschule. Das alles mit einem Grinsen im Gesicht. Der gute alte längere Hebel. Vielleicht in Unkenntnis darüber, dass er hiermit einen gesundheitlichen Schaden bei der jungen Kollegin billigend in Kauf nimmt. Ich möchte an dieser Stelle nicht die Absicht unterstellen, dass die junge Kollegin nur kurze Zeit später schwer erkrankt in einem Krankenhaus landete. Subjektiv und damit rein aus meiner persönlichen Sicht: diese Geschichte spricht gegen das, wofür die Universität stehen sollte. Glauben Sie nicht, dass die Gleichstellungsbeauftragten der jungen Kollegin in irgendeiner Form helfen konnten. Auch die Antidiskriminierungsstelle erwies sich als machtlos, solange es nicht zu körperlicher oder sexueller Gewalt gekommen ist. Mit der psychischen Erkrankung, die daraus erwuchs, musste sie ganz alleine klarkommen. Am Ende ist es wie beim

Glücksspiel, wo immer die Bank gewinnt. So gewinnt am Ende auch immer das System.

Es sei an dieser Stelle nochmals erwähnt, dass es sich bei diesen Darstellungen nicht um Angriffe auf Personen oder Personengruppen handelt. Wie schon gesagt, gibt es viele Hochschullehrende, die einen grandiosen Job machen. Auch ich liebe meine Tätigkeit an der Hochschule und würde diese um nichts eintauschen wollen. Auch soll es keine Abrechnung für subjektiv empfundenes Unrecht sein. Vielmehr möchte ich diese Zeilen nutzen, um Geschichten zu erzählen, die im System nun mal nicht erzählt werden dürfen. Irgendwas Gutes muss die künstlerische Freiheit ja auch mit sich bringen ...

In diesem, zugegeben sehr ernsten und wenig unterhaltsamen Kapitel, möchte ich nur im Nebensatz auf Missstände aufmerksam machen. Wichtiger ist mir, der Umgang mit dem Thema „System". Das Steuersystem, das Rentensystem, oder eben das universitäre System. Auch das Beziehungssystem zwischen Ihnen und Ihrem Partner oder Ihrer Partnerin. Alle haben sie eigene Regeln, mit denen wir umgehen müssen. Aus eigener Erfahrung weiß ich, dass es ermüdend ist, gegen ein System anzukämpfen. „Gegen das System" sein funktioniert nur in der Jugend und auch dort nicht mal gut. Bringt das Besprühen eines wunderschönen Weihnachtsbaums einen Umsturz des „Systems"? Was es auf jeden Fall bringt, ist eine Menge hängender Gesichter von Menschen, die die weihnachtliche Pracht genießen wollen. Kommt ein System wie die Universität schneller und besser voran, indem Geschichten wie oben beschrieben passieren? Wer weiß. Möglicherweise nützt es auch nur bestimmten Akteuren im System. Aber ich will es an dieser Stelle nicht unnötig kompliziert machen.

Vielleicht sind Sie auch in Systemen gefangen, die für Sie toxisch sind. Sie bis zur totalen Erschöpfung auszehren. Sie haben bisher nicht verstanden, weshalb. Weil Ihre subjektive Sicht der Dinge im Ernstfall keinen außer Ihnen interessiert. Also zumindest im System. Mich interessiert Ihre subjektive Sicht der Dinge, insbesondere, wenn sie positiv zu diesem Buch ist.

Jeder in einem System hält seine subjektive Sicht der Dinge für eine objektive Wahrheit. Vielleicht muss ich auch sehr kritisch mit mir und meiner Sicht auf die Dinge ins Gericht gehen. Es sind ja auch nur meine subjektiven Wahrheiten, an denen ich Sie teilhaben lasse.

Was bleiben uns nun für Handlungsalternativen. Akzeptieren oder nicht akzeptieren, kommt ein wenig wie das Shakespear'sche Dilemma „Sein oder nicht Sein" daher. Das Ja oder Nein scheint auf den ersten Moment der einzige Entscheidungsbaum zu sein. Nun gibt es oftmals nicht nur ein Dilemma, also zwei Optionen, sondern eben oftmals auch mehr. Hier kann man den Begriff des Tetralemma ins Spiel bringen, welches im konkreten Fall wie folgt aussehen könnte:

System akzeptieren	System verlassen
Im System bleiben, dieses aber nicht akzeptieren → Veränderung bewirken oder zerbrechen	Zerstörungsversuch auf das System, zum Beispiel durch Gewalt*

Bild 20: *System-Tetralemma. Das sind Ihre Handlungsoptionen in Systemen. *Bitte verstehen Sie diese Darstellung und/oder Inhalte dieses Buchs auf gar keinen Fall als eine Aufforderung zur Gewalt. Ich Rate Ihnen sogar ganz entschieden davon ab. Ich skizziere es hier nur als Handlungsoption in einem theoretischen Modell.*

Bernd Stromberg (geschrieben von Ralf Husmann) sagte dereinst: „Im Büro gibt es drei Regeln. Erstens, in den Augen des Chefs sind die Angestellten unfähige Vollidioten. Zweitens, in den Augen der Angestellten ist der Chef ein unfähiger Vollidiot. Drittens, Donnerstag ist Schnitzeltag." Eine charmante Auslegung der Systemtheorie. Ich versuche zu reflektieren, ob ich die Regeln der Systeme, in denen ich mich befinde, akzeptieren kann und will. Ich versuche Systeme nicht mehr zu verändern. Wie wollen Sie etwas verändern, das oftmals keinen nachvollziehbaren Gesetzmäßigkeiten folgt, solange Sie nicht der- oder diejenige sind, um die Gesetze zu machen und/oder Narrenfreiheit zu genießen? Gelingt es Ihnen, der- oder diejenige zu werden? Wollen Sie dieser überhaupt sein?

Irgendwie habe ich, wie oben bereits eingeleitet, mit diesem Buch den Anspruch, eine Art Ratgeber herauszubringen. Bei manchen Themen mag es mir gelingen, dass Sie aus meiner Sicht der Dinge und meinen autobiografischen Erinnerungen und Erlebnissen etwas mitnehmen können, das Ihnen weiterhilft. Wenn es so ist, freue ich mich sehr. Wenn es nicht so ist, melden Sie sich gern – womöglich kann ich von Ihnen lernen. Systeme und Systemtheorie faszinieren mich noch immer. Sie sind der Grundstein systemischen Coachings, mit welchem ich versuche, Klientinnen und Klienten bei Berufs- und/oder Gesundheitsproblemen zur Zielformulierung und -erreichung zu helfen. An den ausgeführten Beispielen in diesem Kapitel wächst jedoch gleichsam mein Zweifel am „großen Ganzen". Vielleicht ist es der erste und wichtigste Schritt, das System erst mal als solches zu erkennen und die Probleme zu kennen. Ich gehe in einer Partnerschaft anders vor als noch vor Jahren. Ich habe es zwar immer noch am liebsten, dass meine subjektive Sicht der einzigmöglichen Wahrheit entspricht. Jedoch ist mir bewusst, dass bei einer Diskussion oder gar einer Streitigkeit zwei subjektive Sichtweisen aufeinanderprallen. „Neutrale Beobachter", wie ein Freund, eine Schwester oder ein Verwandter bringen eine weitere subjektive Sicht hinein, liefern aber nie objektive Wahrheiten. Das fällt mir in vielen Fällen leicht zu akzeptieren.

Was das Arbeitssystem betrifft, bin ich grundsätzlich fernab jeder Akzeptanz. Früher hatte ich den Wunsch, das System zu verlassen. Heute will ich es verändern. Die Lehre revolutionieren. Etwas denkwürdiges erschaffen. Dennoch lässt sich ein Prinzip möglicherweise ableiten. Je stärker der Monopolcharakter eines Systems, desto willkürlicher die Regeln und Aktionen der Entscheider. Also seien Sie auf der Hut. Vielleicht kann ich, wenn ich Ihnen schon keinen guten Rat geben kann, zumindest als mahnendes Beispiel fungieren. Nehmen Sie das oben skizzierte Tetralemma und stellen Sie sich die Fragen: „Kann ich das System akzeptieren?", „Wenn nicht, kann ich es ändern?", „Wenn ja, wie kann ich es ändern und wie ist die Erfolgsaussicht?" Seien Sie kritisch mit dem Ergebnis und wagen Sie die Flucht nach vorn. Damit meine ich nicht die gewaltsame Lösung, auf die Sie bitte verzichten sollten. Und stellen Sie sich eine Frage so früh, wie es nur geht: „Was sind die Risiken dieses Systems, von welchem ich ein Teil werde?" So verhindern Sie vielleicht Ihren Weg ins Burn-out – oder kommen schneller wieder heraus als ich.

Zusammenfassung und Fragen

> ✓ Alles auf der Welt funktioniert in Systemen: Partnerschaften, Familien und Unternehmen.
>
> ✓ Im System gibt es keine objektive Realität, nur die subjektive Einschätzung der jeweils Beteiligten; suchen Sie also nicht nach der Objektivität.
>
> ✓ Ein System ist darauf ausgelegt, zu funktionieren, nicht gerecht zu sein.
>
> ✓ Wenn Sie unglücklich in einem System sind, haben Sie prinzipiell vier Möglichkeiten: Akzeptanz, Versuch der Veränderung, Verlassen oder Zerstören (von Letzterem rate ich explizit ab).
>
> ✓ Achten Sie früh darauf, ob ein System toxisch für Sie ist. Egal ob Partnerschaft oder Beruf, hier lauern enorme gesundheitliche Gefahren. Je länger Sie in einem System sind und je stärker der Monopolcharakter, desto schwerer der Ausstieg. Seien Sie also auf der Hut.

> ? Welchen Systemen gehöre ich an und tun Sie mir gut, oder schaden Sie mir auf kurze oder lange Sicht?
>
> ? Ist der Wert der Zugehörigkeit zu diesem System wirklich hoch genug, um die Risiken in Kauf zu nehmen?
>
> ? Welchen Einfluss habe ich, meine Systeme positiv zu gestalten und wie kann es mir gelingen?

KAPITEL 14

Erfolg – wann habe ich alles erreicht?

Mehrere Dutzend Mal kommt in diesem Buch bis hierhin Erfolg oder erfolgreich vor. Ein starkes und wiederkehrendes Thema. Während ich schon dabei war, die finalen Kapitel dieses Buches zu ordnen, fiel mir auf, dass ich diesem Aspekt noch gar nicht so wirklich etwas gewidmet habe. Noch vielmehr beschäftigt mich seit Langem die Frage, wann ich im Leben „alles erreicht" habe. Und was danach noch kommen soll. Dabei ist ein Beispiel aus meinem Lebensweg besonders interessant und verdient in diesem Buch einer besonderen Würdigung, weil es eine der bewegtesten und intensivsten Zeiten meines bisherigen Daseins war: die Sanierung eines Hauses, um darin zu leben. Aber fangen wir weiter vorne an.

In einer Plattenbauwohnung ist oftmals nicht sehr viel Platz. Keine großartige neue Erkenntnis, ich weiß. Meine Kindheit spielte sich primär im klassischen, wenige Quadratmeter messenden „Kinderzimmer" der typischen Dreizimmerwohnung im Plattenbau ab. Die Privatsphäre war durchaus mau, ebenso die Möglichkeit, wirklich seine Ruhe zu haben. So hörte ich jeden Sonntagabend im Bett den Tatort – ob ich wollte oder nicht. Über das Grundstück gehen, den Grill anschmeißen, ein Feuer machen. Das bedeutete für mich Freiheit, insbesondere weil ich es nicht hatte. Umso mehr genoss ich die Zeit auf dem Campingplatz. Später, so hatte ich es mir zu dieser Zeit vorgenommen, ja sogar selbst versprochen, würde ich in einem Haus leben. Mit eigenem Grundstück. Mit maximaler Selbstbestimmtheit. Lagerfeuer und Gemüsebeet, Hasenstall und Schuppen. Für mich damals der Inbegriff von Erfolg. Mehr noch hatte ich mir die „großen drei Dinge im Leben" auf die Fahne geschrieben. Wie Kleist es 1801 schrieb, als er sich auf ein religiöses Gesetz unter persischen Magiern beruft: „Ein Mensch könne nichts der Gottheit wohlgefälligeres tun, als dieses, ein Feld zu bebauen, einen Baum zu pflanzen und ein Kind zu zeugen." Wenn mir dies in meinem Leben gelingen würde, so dachte ich, hätte ich nicht nur wirklich etwas erreicht, oder Erfolg, nein, vielmehr hätte ich es dann wirklich geschafft.

Aus der großen Motivation heraus realisierte ich mir, sehr früh im Leben, nämlich mit 26 Jahren den Traum vom eigenen Haus. Mit Grundstück, wie ich es mir immer gewünscht hatte. Natürlich war mein Budget in diesem Alter und mit gerade mal drei Jahren bezahlter Arbeit (man muss dazu sagen, dass ich an der Universität zwar 7 Tage die Woche gearbeitet, aber in den besten Zeiten nur 32 Stunden bezahlt bekommen habe) nicht besonders reichhaltig. Folglich kaufte ich zwar ein Haus, dieses musste aber komplett saniert werden. Sanierung bedeutet in diesem Fall, die komplette Erneuerung der Heizung, Wasser, Strom und Hausfassade, nebst aller Fußböden, Wände und neuer Fenster. In meiner Naivität und Unkenntnis ließ ich mich auf dieses Abenteuer ein. Es entwickelte sich in den darauffolgenden Wochen und Monaten eine bemerkenswerte Familienleistung. Jeder, der konnte, half wo und wie er konnte. Es war eine turbulente Zeit, in der ich lernte, dass bei einer Haussanierung selten alles nach Plan läuft. Es war körperlich intensiv, zeitaufwändig und kostete eine Menge Energie. Mit dem großen Ziel des eigenen Zuhauses war dies jedoch alles zu stemmen. Durchbrüche, Löcher durch die Wand, Graben von Schächten und Einsetzen neuer Fenster. Mit der Zeit lernte ich viel, konnte mich persönlich weiterentwickeln und machte dieses Haus Stück für Stück zu meinem Zuhause, zu einem Teil von mir. Ich hasste es und liebte es zugleich. Als nahezu alle Arbeiten geschafft waren, was viel länger dauerte, als ich es für möglich gehalten hatte, fühlte ich mich großartig. Das Gefühl von Erfolg. Dem Erreichen eines Lebensziels. Ich hatte es geschafft.

Bild 21: *Die Sanierung eines Hauses. Eine Lebensaufgabe und ein großes Ziel, das ich erreicht hatte.*

Heute wohne ich wieder in einer Wohnung. Ich habe alles getan, was Kleist beschrieben hat. Kind, Haus, Baum, alles abgehakt, wie von einer Lebens-Checkliste. Ich dachte immer, mein Erfolg bemisst sich genau nach diesen Parametern. Aufgrund meiner Herkunft. Aufgrund der Erwartungen meines sozialen Umfelds. Die ersten Male Feuerschale und Grill auf dem eigenen Grundstück waren unvergesslich. Der eigene Hasenstall und das Kartoffelbeet entsprachen meinen Wünschen und Lebenszielen. Aber mit der Zeit wurde es immer mehr zur Last als zum Genuss. Ich hatte in derart jungen Jahren alles, was ich mir in dieser Hinsicht als Ziel gesetzt hatte, erreicht. Und am Ziel merkte ich, dass ich zwar etwas erreicht hatte, durchaus erfolgreich war, jedoch weit davon entfernt war, dass sich eine nachhaltige Zufriedenheit einstellte. Im Gegenteil, ich fühlte mich gefangen, kaputt und ausgezehrt.

Was war da nur passiert?

Ich schließe die Augen und betrete die Welt meiner inneren Vorstellungskraft, bestrebt, eine Ursache zu oben genannten

Problemen zu suchen. Ich sitze in einem alten Ledersessel vor einem knisternden Kaminfeuer. In meiner Hand halte ich ein Fotoalbum. Langsam blättere ich Seite für Seite durch. Nicht nach vorn, sondern rückwärts. Ich blättere mich durch Bilder vom fertigen Haus, der Terasse, dem kleinen Gartentor, das ich selbst installiert habe. Ich komme zu den Bildern der Sanierung, offene Wände, endlose Meter von Kabeln. Ich blättere zurück zum Hauskauf, der Notartermin, die Unterschriften bei der Bank. Ich blättere weiter in die Vergangenheit und mache immer größere Zeitsprünge. Ich sehe ein Foto vom jungen Gerhard, der in seinem Zimmer sitzt. Am Schreibtisch unter dem Hochbett – platzsparend und ideal. Am dunklen Schreibtisch sitzt mein jugendliches Ich an einem uralten Computer. Es könnte glattweg einer der ersten überhaupt gebauten Computer sein, wenn man die Szene mit heute vergleicht. Ich wische mit zwei Fingern auf das alte Foto. Plötzlich beginnt das Zimmer, der Kamin, der Sessel mit dem Foto zu verschmelzen. Ich stehe in meinem eigenen Kinderzimmer. Der junge Gerhard schaut kaum vom Bildschirm des Computers hoch.

„Hey, Jugendfreund. Ich muss mit dir reden", sage ich zu meinem jugendlichen Ich.

„Und worüber?", erhalte ich als knappe Antwort.

„Warum hast du dir so ein unüberlegtes Ziel gesetzt? Ein Haus mit Grundstück. Weißt du eigentlich, was das für eine irrsinnige Arbeit ist? Ein Kind. Du bist ein miserabler Vater, hast doch nur Arbeit im Kopf. Und dein Baum ist nicht mal richtig gewachsen. Warum glaubst du, wirst du ausgerechnet damit alles erreicht haben? Warum setzt man sich solche Ziele?", klage ich mein jugendliches Ich an.

Der jugendliche Gerhard blickt zum ersten Mal kurz vom Computerbildschirm auf, um mir einmal tief und beherzt in die Augen zu schauen. Es fühlt sich an, als ginge sein Blick direkt bis in die Rückwand meines Schädels. Er sagt kurz aber bestimmt: „Du stellst die falschen Fragen. Die Richtige wäre doch: Warum hast du nie die Ziele eines 16-Jährigen hinterfragt?"

Dieser innere Dialog katapultiert mich direkt zurück in die Realität. Ich muss kurz innehalten, stehe fast etwas unter Schock ob der Erkenntnis aus meinem Selbstgespräch. Ich habe wirklich etwas erreicht in meinem Leben. Habe was „aus mir gemacht", wie man so schön sagt. Aber bin ich wirklich erfolgreich. Habe ich ihn wirklich, den Erfolg? Woran merke ich es, dass ich Erfolg habe? Merke ich es überhaupt?

Gut möglich, dass ich mich beim Thema dieses Kapitels in einem Spannungsfeld bewege und der Lösung des Problems mit meinen Ausführen gar nicht unbedingt näherkomme. „Erfolg zu erringen ist weniger schwierig, als Erfolg zu vertragen", sagte einst Lothar Kusche. Vielleicht ist dies ein Problem, welches ich mit mehreren Menschen teile. Es mag einfacher sein, ein Ziel zu verfolgen, anstatt mit der Zielerreichung umzugehen. Schnell kann das, was durch das Ziel und die Arbeit an dessen Realisierung ausgefüllt wurde, nachher zu einer großen Leere werden. Möglich, dass also gar nicht das Erreichen das Ziels, sondern der Zustand nach der Zielerreichung mein Problem ist. Eine andere Sichtweise bringt Gerhard Uhlenbruck in das Thema, mit der Aussage: „Erfolg macht süchtig, Sucht macht erfolglos." Demnach kann auch der krampfhafte Versuch, etwas zu erreichen, erfolgreich zu sein, ein Erfolgshemmnis werden. Vielleicht habe ich mich, wie so oft, verrannt.

Wann habe ich alles erreicht? – Diese Frage stelle ich mir bewusst plakativ in der Überschrift des Kapitels. Mein persönlicher Erfahrungsschatz mit der Sanierung meines Hauses, an welchem auch heute noch ein Teil meines Herzens hängt, bringt mir eine interessante Perspektive auf das Thema. Der Drang, im Leben „etwas erreichen zu müssen", erfolgreich zu sein, ist ein zweischneidiges Schwert. Das Kapitel „Das Ziel ist das Ziel" zeigt, wie wichtig aus meiner Sicht eine Zielformulierung und ein Fokus ist. Andererseits kann der „Erfolgsdruck" auch ein starkes Hindernis darstellen. Ein Hemmschuh, der das Weiterkommen behindert. Gerade in unserer heutigen Zeit bemisst sich so viel am persönlichen Erfolg. In Gesprächen mit Menschen, die man neu kennenlernt, kommt häufig sehr früh die Frage: „Und, was machst du so beruflich?" Wir kleiden uns in Markenklamotten, um zu zeigen, wie wirtschaftlich erfolgreich wir sind.

Zeigen über unser Kraftfahrzeug unseren Status. „Mein Haus, mein Auto, mein Pferd ..." all das soll unseren Erfolg symbolisieren. Dass wir es „geschafft" haben. Und danach?

Ich glaube, ich nehme den versteckten Rat meines jugendlichen Ichs an dieser Stelle einmal an. Ich beginne, meine Ziele zu hinterfragen. Und besonders beginne ich zu hinterfragen, was denn ein sinnvolles Outcome darstellt. Vielleicht habe ich es geschafft, wenn ich nicht mehr ständig darauf hinarbeite, es endlich geschafft zu haben. Womöglich bin ich besonders dann erfolgreich, wenn es mir nicht mehr um den Erfolg geht. Oder, wie es Wladiyslaw Bartoszewski treffend auf den Punkt bringt: „Erfolg ist kein Kriterium.".

Wie sieht es bei Ihnen aus, liebe Leserin, lieber Leser: Ist Erfolg ein gutes Kriterium für Sie?

Ich denke über dieses Kapitel nach. Über Erfolg. Gerade, kurz nach Silvester, am Neujahrstag, ist nichts gefühlt so greifbar wie die Veränderung. Ein altes Jahr endet, ein neues kommt. Der Zyklus aus Werden und Vergehen. Nichts ist so dynamisch und beständig zugleich. Ich mache einen Spaziergang am Flussufer entlang. Eine Stelle, die ich seit Jahren nicht besucht habe. Ein alter Angelplatz, an dem ich tolle Tage und Abende zubrachte. Die winterliche Sonne scheint zart durch den wolkig verhangenen Himmel. Ich erblicke einen alten Baum – ein Lieblingsbaum von mir aus längst vergessenen Tagen. Lieblingsbaum soll hier nicht esoterisch klingen, jedoch finde ich, dass Bäume eine bemerkenswerte Kraftquelle darstellen. Bäume sind ein absolutes Erfolgskonstrukt. Was macht Bäume erfolgreich? Sie sind perfekt an den Zyklus von Werden und Vergehen angepasst. In guten Phasen, Frühjahr und Sommer, ziehen sie Kraft, wachsen und erstrahlen in voller Pracht. In schlechten Phasen, Herbst und Winter, geben sie ab, ziehen sich zurück, kämpfen nicht am weiteren Wachstum. Ein solider Stamm mit einem festen Wurzelwerk schützt vor Stürmen und externer Gewalt. Eine harte Rinde hält Feinde ab. Ein Musterbeispiel für Stabilität.

Ist dies schon ein „Erfolgsgeheimnis"? Nicht immer zu jagen, sondern Phasen der Anstrengung und Entlastung an die

Bedingungen zu knüpfen. Auf die Macht des Wandels zu vertrauen. Alle Energie punktuell freizusetzen und zu wissen, wann
es wichtig ist, abzuwarten. Sich stabil in den Sturm zu stellen,
mit einem Wurzelwerk an eigenen Fähigkeiten, Freunden und
Familie. Erfolgreich sein ist womöglich kein linearer Prozess, es
wird nicht immer mehr und muss es wohl auch nicht. Ich jedenfalls nehme mir vor, mich mehr am Baum zu orientieren. Bäume
gibt es an vielen Orten, an einem jedoch nicht: im Hamsterrad.

*Bild 22: Erfolg als Beständig-
keit, ein solider Stamm und
die Akzeptanz von Werden
und Vergehen. Nicht umsonst
werden Bäume hunderte Jahre alt, ohne ein Burn-out zu
bekommen.*

Zusammenfassung und Fragen

✓ Erfolg ist etwas, was wir uns selbst definieren müssen, wobei wir uns jedoch zu sehr von äußeren Faktoren beeinflussen oder gar leiten lassen.

✓ Erfolgreich sein können wir auf viele Arten. Es gibt nicht diesen einen ultimativen Erfolg im Leben.

✓ Erfolg ist an unsere Ziele und deren Erreichung gekoppelt. Wenn Sie sich die für Sie falschen Ziele setzen, oder langfristige Ziele nie hinterfragen, führt dies zu Erfolglosigkeit.

✓ An Erfolglosigkeit können wir uns gewöhnen. Wir verändern unsere Herangehensweise entsprechend.

✓ Wirklich erfolgreich sein erscheint eine Frage von Beständigkeit, Klarheit und Beharrlichkeit.

? Was bedeutet für mich Erfolg und warum?

? In welchen Situationen habe ich mich selbst schon vor dem Ergebnis mit einem möglichen Misserfolg auseinandergesetzt und was hat es mir gebracht?

? Woran werde ich merken, dass ich Erfolg habe?

TIPP: Wir werden wahrscheinlich nie an den Punkt kommen, an dem wir wirklich alles erreicht haben. Das Frustrierende ist, dass dies die Endlichkeit unseres Daseins nicht beeinflussen wird. Streben Sie also nicht nach dem ultimativen Erfolg, sondern eher nach Zufriedenheit mit dem, was sie erreicht haben.

KAPITEL 15

Gutes tun

Ich sitze auf meinem Sofa. Mein Schreibplatz auf der Fressbank, auf dem Esstisch ... er scheint mir gerade nicht der beste Ort zu sein. Ich beginne etwas zu sinnieren. Was bleibt eigentlich von dem, was wir tun? Ich habe in meinem Leben einiges studiert, habe viele Fachartikel, selbst Buchbeiträge geschrieben. Nun versuche ich mich an einem Buch. Ein Bestseller soll es werden und vor allem, es soll Menschen bewegen. Zum Nachdenken und zum Lachen. Ich schaue seitlich aus dem Fenster in den blauen Himmel eines kalten, aber dennoch besonders schönen Wintertages. „Früher hatten wir noch richtige Winter. Da haben wir Schneehöhlen gebaut. Sind noch richtig Schlitten gefahren. Und erst das Eislaufen auf dem Dorfteich ...", spreche ich einen ungewöhnlich alt klingenden Satz in den leeren Raum. Ich lasse den Blick weiter schweifen. An den Nussknackern vorbei. Alte und junge Freunde. Seltsame Weggefährten durch meine eigene Reise, ein Buch schreiben zu wollen. Wird es mir wirklich gelingen, dass dieses Buch am Ende in den Händen eines Lesers liegt? Es auf dem Wunschzettel einer gespannten Leserin steht? Unterm Weihnachtsbaum liegt, in goldenem Geschenkpapier, mit einer blauen Schleife?

Ich denke an Kritik an meinem Buch. Dabei schießt mir unweigerlich Marcel Reich-Ranicki in den Kopf. Ein großartiger Mensch, seine Biografie habe ich dereinst verschlungen. Warum? Weil er ein brillanter Literat war? Nein! Weil er knallermäßig den Fernsehpreis abgelehnt hat. Vor einem Millionenpublikum! „Ja, in der Tat. Ich möchte niemanden kränken. Niemanden beleidigen oder verletzen. Nein, das möchte ich nicht. Aber ich möchte auch ganz offen sagen: Ich nehme diesen Preis nicht an. Ich hätte das – werden Sie irgendwie denken und sagen – früher erklären sollen. Natürlich! Aber ich habe nicht gewusst, was hier auf mich wartet. Was ich hier erleben werde. Ich gehöre nicht in diese Reihe der heute – vielleicht sehr zu Recht – Preisgekrönten." Sagte Reich-Ranicki damals in seiner Rede, neben vielen anderen schlauen Sätzen. Wenn Sie es nicht kennen, schauen Sie es sich mal im Internet an, ich finde, es lohnt sich. Warum kenne ich diese Rede so gut? Ganz einfach, ich habe sie, etwas abgewandelt, einstudiert. Zu meinem eigenen Abiturientenball habe ich in einer Hommage an Marcel Reich-Ranicki die Krönung zum Abiturientenball-König abgelehnt. Zur Zeit meines Abiturs dachte ich, die Welt verändern zu können. Ich denke an diese, auf eine Art stimulierende, Aufbruchstimmung.

Ich blicke, während ich so vor mich hinträume und versuche das Gefühl von damals aus meinem inneren Aktenschrank der Emotionen hervorzukramen, in den Lichthof meiner Wohnung. Ich sehe den Hortensiendünger. Ich denke an die wunderschön blühenden Hortensien, die noch vor wenigen Monaten in voller Farbpracht auf dem Balkon erblühten. Nicht wissend, dass ihre Zeit vergänglich ist. Nicht wissend, ob der Frühling sie zu neuem Leben erwecken wird. Das Einzige, was von ihnen bleibt, sind womöglich Erinnerungen an ihre Schönheit. Vielleicht ein Foto auf dem Smartphone. Voller Euphorie geschossen und dann nie wieder angesehen. Wie tausende Fotos, die wir inzwischen im Alltag machen. Anders als die Videos, die früher mein Großvater mit einer Videokamera (damals der neueste Schrei) aufzeichnete und bei jeder möglichen Gelegenheit abspielte. Videos von Weihnachten, wo der kleine Gerhard vor dem weihnachtlichen Gemüsetribunal in der Person des Weihnachtsmannes zitterte und weinte. Videos davon, wie der kleine Gerhard im Tierpark versucht, eine Ziege zu reiten, und sich gerade noch am Maschendrahtzaun festklammert, um nicht auf den Ziegenkot-belegten Boden des Geheges zu knallen. Oder wie der größere Gerhard einen Hornhecht fängt, in einer seltsamen Magie eines leichten Regens über den Steinklippen von Fuerteventura. Ich sehe diese Videos vor meinem inneren Auge, als wären es gesammelte Erinnerungen eines Wildfremden.

Die, maximal untertrieben gesagt, schwere Frage, die gerade durch meinen Kopf kreist, lässt sich schwer zu Papier bringen, obgleich sie so einfach formuliert ist. „Was bleibt von uns?", spreche ich sie aus, als wäre es dann leichter, sie in die Tasten des Computers zu drücken. Ich dachte immer, wenn ich genug schreibe, veröffentliche, hinterlasse, nur einen hinreichend sichtbaren Fußabdruck in die Welt stempeln würde, bleibe ich der Welt erhalten. Eine schöne Illusion. Bei hunderten Publikationen, die weltweit täglich erscheinen, bald komplett von künstlicher Intelligenz geschaffen werden und nur marginal relevantes Wissen für die Menschheit enthalten, werde ich schneller vergessen sein als der Müll auf meinem winterlichen Balkon. Auch dieses Buch wird irgendwann verstauben. Sollte mir nicht mit Einstein'scher Genialität etwas furchtbar Weltbewegendes einfallen, werde ich eines Tages vergessen sein. Eine schlimme Erkenntnis, aber auch irgendwie befreiend. In dieser Klarheit, wie ich sie hier niederschreibe, war mir das so noch nie bewusst geworden. Auf die Frage, was von mir bleibt, brauche ich nicht in meiner Berufswelt nach großartigen Antworten suchen. Vielmehr muss ich die Lektion des Hundes ernst nehmen: Ich muss im Hier und Jetzt suchen.

Es mag jetzt philosophisch klingen, aber eine Sache, die ich durchaus machen kann, ist Gutes zu tun. Werde ich dadurch unvergessen bleiben? Auf keinen Fall, es sei denn, ich werde Mutter Theresa mal eben den Rang ablaufen, aber das ist nicht mein Plan und bei Weitem nicht meine Ambition. Gute Energie in die Welt zu bringen, statt sie im Büro in sinnbefreite, maximale Effizienz zu verwandeln, klingt dennoch attraktiv. Etwas zu hinterlassen heißt nicht zwingend, ein Werk zur Unsterblichkeit zu erschaffen. Im Gegenteil. Wann hat mein Dasein den größtmöglichen Sinn? Keine Ahnung! Aber wenn ich mich einsetze, um etwas Positives zu bewirken, hat es vielleicht zumindest einen Sinn ...

Ich bin sicherlich kein Vollzeitaltruist. Womöglich werde ich auch niemals den Weltmeistertitel darin gewinnen, Gutes zu tun. Ich habe undenkbar großen Respekt vor Menschen, die sich tagtäglich, vorrangig ehrenamtlich, für andere Menschen einsetzen. Ich schaue gern Fernsehformate, die mit Armut, Obdachlosigkeit und Drogenkonsum zu tun haben. Ich kann nicht sagen, warum mich diese Formate so faszinieren. Sicherlich nicht, um mich in meinen Sessel zu lümmeln, mir ein teures Gläschen Whisky on the rocks zur Brust zu nehmen und mich meiner Überlegenheit gegenüber anderen zu erfreuen. Das wäre aus meiner Sicht asozialer als alles, was ich im Fernsehen sehen könnte. Vielleicht faszinieren mich ebenjene Menschen, die es trotzdem schaffen. Die aus der Obdachlosigkeit herauskommen. Weg von der Nadel kommen. Trotz Hartz vier nicht nur ihren Alltag meistern, sondern auch noch massiv für andere da sind. Gegenüber diesen Menschen fühle ich mich nicht mal stecknadelkopfgroß. Ich komme weiß Gott nicht aus wohlhabenden Verhältnissen und habe durchaus auch so meine Erfahrungen damit, entbehren zu müssen, oder wenig zu haben. Durchaus habe ich mir in meinem Leben aus eigener Kraft viel erarbeitet, vielleicht erkämpft. Aber die große Geschichte vom Bordstein zur Skyline, aus dem Slum in die Chefetage, die würde ich über mein Leben niemals schreiben. Alle meine erreichten Ziele wirken für mich wie ein Fußball in einem vollen Stadion. Ziemlich klein und nur wichtig, wenn man auch Fußball spielen möchte.

In diesen Fernsehformaten faszinieren mich auch ebenjene Menschen, die Hilfe leisten. Die ohne sichtbaren Eigennutz an Winterabenden zu obdachlosen Menschen gehen, diese mit Nahrung und warmen Kleidungsstücken oder Decken versorgen. Und besonders mit Menschlichkeit und Wärme glänzen, die keine Decke dieser Welt leisten kann. Wie ich diese Zeilen schreibe, komme ich mir in meinem universitären Arbeitswahn samt entsprechender Hybris, die ganze Welt zu verstehen, reichlich dämlich vor. Wie die vermeintlich Großen ihrer Zunft, die von sich denken, dass sie alles verstehen und können. Die dann im Rotary Club große Reden schwingen und schlussendlich nur einer solchen Organisation angehören, um sich abends in einem teuren Restaurant kostenlos die Batterie abzuklemmen. Bitte, liebe Leserin, lieber Leser verstehen Sie dies keineswegs als Angriff auf wohltätige Organisationen wie den Rotary Club, der eine tolle Arbeit leistet. Verstehen Sie es lieber als solchen gegen die Geizkragen, die sich durch ihr tolles „Engagement" rühmen, während sie im Alltag erfolgreich die Würde von Menschen torpedieren und mit ihrer Egozentrik und ihren perfiden Spielchen ad absurdum führen.

Wirklich Gutes tun. Vor diesem ganzen Hintergrund erscheint mir das eine besonders große Aufgabe, womöglich größer als gedacht. Ich habe eine kleine Liste guter Taten zu bieten. Mein Joker, falls mich Petrus eines Tages am großen Himmelstor abweist. Mein emotionaler Rettungsanker, vielleicht auch, um mir selbst mehr menschliche Größe vorzugaukeln, als ich sie in Wahrheit habe. „Ist hier irgendwo ein Arzt" – diese Frage habe ich bisher einige Male gehört und umgehend mit „Ja, hier" beantwortet. Obgleich ich Zahnarzt bin, habe ich mehrfach als Ersthelfer fungiert. In Kaufhäusern, auf der Straße oder sogar auf dem Feldweg (bei letzterem hat keiner die Frage gestellt, ich habe aber dennoch hoffentlich richtig reagiert). Ich würde dies am Ende jedoch weniger als eine gute Tat, sondern vielmehr als Pflichterfüllung sehen. Sonst könnte ich mich ja auch mit jedem Schmerzpatienten aus meiner zahnärztlichen Tätigkeit als Wohltäter der Nation brüsten. Da stehe ich dann aber neben den Kollegen vom Rettungsdienst ganz schnell da wie mein Dackel, der denkt, dass er die Nachbarn vertreibt, wenn er nur laut genug bellt. Gefangen in einer kleinen, begrenzten Realität.

Ich lege den Kopf nach hinten auf die Sofakante ab, sodass ich geradewegs an die Decke starre. Meine Gedanken kreisen immer mehr darum, wie ich nunmehr, da ich Erkenntnisse aus dem eigenen Buch gewonnen habe, etwas zurückgeben kann. Ich habe sehr viel. Ich bin Zahnarzt, Gesundheitspsychologe, Coach, Berater... da muss es doch irgendwas geben. Ich denke an meine Jugend zurück. Ich weiß nicht, wie ich darauf komme, aber ich denke an die eine oder andere Handlung aus meiner Jugend. An Verschiedenes, was ich heute gern wohlwollend unter „dumme Jungenstreiche" abtun möchte. Ein beliebtes Ziel von uns: die Telefonzelle. Wer Telefonzellen nicht kennt, hier eine kurze Beschreibung. Früher, als noch nicht jeder Mensch ein Smartphone hatte, hatten die Menschen sogenannte Handys. Das ist wie ein Smartphone, nur dass es auf folgende Funktionen reduziert war: telefonieren und SMS schreiben. (SMS sind Textnachrichten, die auf eine bestimmte Zeichenanzahl limitiert sind, und die Geld kosten.) Das Internet war damals noch recht unbekannt; niemand hätte jemals Sinn darin gesehen, mit einem Telefon ins Internet zu gehen. Nun müssen wir leider noch weiter zurückgehen. Bevor die Menschen Handys hatten, hatten sie Telefone zu Hause. Mit einer Schnur, die den Hörer mit einem Wählkasten verbunden hat. Dieses Telefon ließ sich sehr schlecht transportieren. Im Prinzip gar nicht. Also transportieren schon, aber man konnte währenddessen nicht telefonieren. Wenn Sie nun zu dieser grauen Vorzeit (also so um die 2000er herum) unterwegs telefonieren wollten, hatten Sie zwei Möglichkeiten: a) nicht telefonieren (hat oftmals überraschend gut funktioniert) oder b) eine Telefonzelle nutzen. In dieser befand sich ein Münztelefon, mit welchem Sie gegen Bezahlung Anrufe tätigen konnten. Ja, so war das damals.

Telefonzellen waren für uns also eine beliebte Station für Blödsinn aller Art. Gerne riefen wir, wenn wir ein paar kleine Münzen hatten, fremde Menschen an, um Streiche zu spielen. Mitunter riefen wir auch die Eltern von Kumpels an, um mit verstellter Stimme besonders intelligente Botschaften zu verkünden. Und wenn man keine Münzen hatte? Dann blieben nur kostenfreie Nummern, um unseren Schabernack zu treiben. Zum einen konnten Notrufnummern angerufen werden, etwas, was sich nur besonders Hartgesottene trauten, war es doch verboten. (Habe ich nie gemacht. Genau wie das mit der Luft im Fahrradreifen meines Mitspielers in der Jugend. Unschuldig in allen Punkten). Daneben gab es die Möglichkeit, die Telefonseelsorge anzurufen. Dies war besonders beliebt, konnte man doch mit erfundenen Geschichten eine ganze Zeit mit sehr einfühlsamen und verständnisvollen Menschen über vollends erfundene Probleme sprechen. Die Herausforderung dabei war, selbst nicht zu lachen, obwohl sich die Gruppe von Kumpels um die Telefonzelle herum in ihrer jugendlichen Blödheit massiv vor Gelächter zerschoss. Nun wären Telefonstreiche von einer Telefonzelle wohl kaum etwas Gutes und würden mein ohnehin schlechtes Gewissen ja nochmals verschlechtern. Aber Moment mal ...

Ich recherchiere in den endlosen Weiten des Weltnetzes, was die Telefonseelsorge eigentlich ist. Ich stoße auf Beschreibungen einer bemerkenswerten Organisation. Tausende ehrenamtliche Mitarbeiter stellen sicher, dass Menschen mit Problemen 24/7 einen Gesprächspartner finden. Hilfreiche Ratschläge oder einfach nur ein offenes Ohr. Rund um die Uhr. Für Jedermann, Jederfrau, Jederdivers und Jederkind, einfach für alle. Ich bin beeindruckt und schäme mich umso mehr für meine (inzwischen längst verjährten, andernfalls vollkommen frei erfundenen) Taten in der Jugend. Ich lese weiter. Jeder Mitarbeiter/ jede Mitarbeiterin der Telefonseelsorge muss sich vor seinem Einsatz einer langwierigen Ausbildung unterziehen. Ein ganzes Jahr theoretischer Grundlagen und praktischer Anwendungen, Supervision und Training, Reflexion und Feedback. Alles, um danach unentgeltlich und am besten noch nachts und am Wochenende am Telefonhörer zu sitzen. Um zu helfen. Ich bin tief beeindruckt und beginne, einen Entschluss zu fassen. Aus einem Entschluss wird eine klare Handlungsabsicht. Meine Fähigkeiten könnten doch zu etwas nützlich sein. Nicht, um reich an Geld zu werden. Aber um ein Ziel zu erreichen, dass viel tiefer in meinem Kopf schlummert. Ich haue in die Tasten und verfasse eine E-Mail. Mein Plan steht. Ich möchte endlich Gutes tun, wo es wirklich gebraucht wird. Im Ehrenamt. Ich bin gespannt, ob ich überhaupt genommen werde und meine Fähigkeiten eines Tages als ausgebildeter Telefonseelsorger einbringen kann.

Wie vieles in diesem Buch, ist dies eine wahre Geschichte. Das Ergebnis einer spannenden Reise durch irgendwie zusammenhängende Kapitel. Etwas Gutes tun, was nachhaltig ist, ist beschwerlich. Ein mitunter langer Weg. Es braucht Überzeugung und Entschlossenheit und es verdient Respekt. Ich widme diesem Aspekt des Lebens bewusst dieses Kapitel, und bestärke nochmals meinen Respekt für alle, die sich wirklich für andere einzusetzen bereit sind und dies dann auch in die Tat umsetzen. Vielleicht kann ich auch Sie animieren, etwas in dieser Richtung zu entwickeln. Sollten Sie es schon tun, so ziehe ich meinen Hut. Womöglich erreiche ich es auch. Mein Entschluss jedenfalls steht. Und ich bin ehrgeizig – das Ziel ist schließlich das Ziel ...

Zusammenfassung und Fragen

- ✓ Wenn Sie etwas Gutes tun, hinterlassen Sie etwas Positives. Sie erschaffen damit etwas, das Sie nicht unmittelbar mit dem Kriterium Erfolg bemessen können.
- ✓ Es ist leicht, etwas Gutes zu tun. Gleichzeitig ist es schwer, nachhaltig Gutes zu bewirken.
- ✓ Wer wirklich etwas Gutes leisten möchte, wird sich kaum damit brüsten. Es geht um die Sache und nicht um deren Darstellung.
- ✓ Nachhaltig Gutes tun ist eine Einstellung und hat viel mit Haltung zu tun.
- ✓ Menschen, die etwas Gutes leisten, verdienen Respekt und sollten uns Vorbilder sein. Für mich jedenfalls sind sie es.

- ? Wann habe ich in meinem Leben etwas Gutes bewirkt und wie hat es sich angefühlt, dies zu tun?
- ? Was kann ich konkret positiv in meinem Umfeld beitragen und was wird danach anders sein?
- ? Was möchte ich hinterlassen? Worüber sollen Menschen einmal in Verbindung mit mir sprechen?

KAPITEL 16

Was ich noch zu sagen hätte ...

... dauert möglicherweise länger als die eine Zigarette im von Reinhard Mey geschriebenen Liedtext „Gute Nacht, Freunde". Kommt aber auch darauf an, wie schnell Sie rauchen. Oder wie langsam. Vielleicht rauchen Sie ja Wasserpfeife. Oder E-Zigarette. Oder gar nicht. Letzteres möchte ich Ihnen wünschen. Besonders bei dir, liebes Kind, solltest du diese Zeilen lesen. Erst mal Glückwunsch und Anerkennung, du hast dieses Erwachsenenbuch gelesen, und das in deinem Alter, deine Eltern müssen wahnsinnig stolz auf dich sein. Ein echtes Erwachsenenbuch mit ganz wenig Bildern. Toll. Ach so, wichtig: Fang niemals mit dem Rauchen an! Verzichte auf Drogen und geh zur Schule, auch wenn ich für diese im bisherigen Verlauf nicht gerade Werbung gemacht habe.

Dieses Buch war für Sie, liebe Leserin, lieber Leser, eine Reise. So auch für mich. Ich habe hier viele Dinge verarbeitet und in verschiedene Kontexte gerückt. Um hoffentlich spannende Aspekte des Lebens zu beleuchten. Um selbst weiterzukommen. Und nicht zuletzt auch, um zu unterhalten. Ein gutes Buch, so meine Überzeugung, muss eine Mischung aus Ernsthaftigkeit und Spaß sein. Dieses Werk mit dem Titel „Ordnung im Bad" enthält beides. Es enthält einige, vielleicht besondere, Botschaften, die ich Ihnen mit auf Ihren Lebensweg geben möchte. So, wie sie den meinen beschreiben. Das Buch soll ebenso entschleunigen, in einer Zeit, in der alles auf Beschleunigung aus ist. Sie lesen in diesem Buch sehr viele, ausgesprochen subjektive Meinungen und Sichtweisen meiner Person. Ich folge hier ganz und gar dem Konstruktivismus: Natürlich handelt es sich um eine von mir geschaffene Realität, die niemals den Anspruch auf Objektivität haben darf. So bitte ich Sie, auch dieses Werk zu verstehen. Ich äußere mich durchaus auch kritisch gegenüber Systemen oder besser gesagt spezieller Geschichten in diesem Kontext. Ganz bewusst verwende ich hier keinerlei Namen oder Personenbeschreibungen. Es stellt keinerlei Angriff auf einzelne Personen dar.

Nach diesen, zugegeben sehr ernsten Worten, möchte ich natürlich noch die letzten Botschaften dieses Buches niederschreiben. Verschiedene Kapitel handeln von Veränderung, Zufriedenheit, Ehrgeiz und Disziplin, dem veralteten Konstrukt Geduld, von Zahnarztproblemen und nicht zuletzt davon, etwas Gutes zu tun. All diese Aspekte passen unter verschiedene Überschriften. „Veränderung" könnte eine davon lauten. „Biografischer Klamauk, gemischt mit Willkür" eine andere, vielleicht kritische. Vielleicht findet ein Prominenter einst ähnliche Worte für eine Kritik zu diesem Buch. Vielleicht Sie, Herr Pocher? Womöglich gibt es noch andere zusammenfassende Überschriften für die ausgewählten Themen. „Leben" wäre sicherlich zu global. Sie merken, die Vielfalt der Themen dieses Buches machen es schwierig, alles unter den berüchtigten Hut zu bringen. Das muss ich möglicherweise auch gar nicht tun. Sehen Sie die Kapitel dieses Buches, wie eingangs gesagt, gern als Puzzleteile. Das Buch enthält, anders als das 3000-Teile-3D-Puzzle vom Limburger Dom, nicht das gesamte Puzzle. Bei jedem der genannten Themen wäre es anmaßend und dumm von mir zu glauben, dass ich irgendeine Form der Vollständigkeit erzielen könnte. Dies ist auch keineswegs mein Ziel. Vielmehr muss jeder von uns das Puzzle seines Lebens selbst zusammenfügen. Mancher hat schon alle Teile und sich in diesem Buch hoffentlich nur amüsiert und/oder aufgeregt. Mancher sucht noch nach einem Teil, einem Randstück, um einen Anfang zu bekommen, ein mittleres Stück, um das Bild zu vervollständigen. Vielleicht finden Sie es in „Ordnung im Bad". Vielleicht in einer der Geschichten, jener von der Taxifahrt oder dem Pianisten, die mich beide extrem bewegt haben, als ich sie erlebte. Vielleicht inspiriert Sie auch der gemüsefokussierte Weihnachtsmann oder meine missglückte Fußballerkarriere. Was auch immer Sie abholt, nehmen Sie es mit auf Ihren Lebensweg, interpretieren Sie es für sich oder diskutieren Sie es mit anderen. Hierzu möchte ich Sie herzlich einladen.

Abschließen möchte ich, natürlich, mit einer Geschichte.

Als ich ein Kind war, lebte ich in einem Viertel von Wohnblöcken. Zentraler Punkt war ein Konsum, in welchem zusätzlich ein Tabak- und Zeitungsgeschäft sowie ein Frisörladen waren. Daneben gab es im Viertel noch eine Eisdiele, die herrliches Softeis verkaufte. Ich hatte leider oftmals nicht das Geld, mir ein solches Eis zu erwerben. Sehr ärgerlich aus meiner Perspektive, besonders im Sommer. Da im Frisörladen meine Tante arbeitete, war dies eine besonders aussichtsreiche Anlaufstelle für mich. Eine Chance, mein Eisbudget zu vergrößern und meine kleinen Finger, um eine Eiswaffel zu klammern. Somit ging ich ein ums andere Mal zu meiner Tante in den Laden, um mir einen Euro für ein Eis zu erschnorren. Sicherlich nicht unwesentlich nervig für meine Tante und Kolleginnen. Die Geschichte war für mich lang vergessen und besaß in meinem Leben keinerlei Relevanz. Der kleine Gerhard ist zwar meine Vergangenheit, aber hat mit der Gegenwart nahezu gar nichts mehr gemein. An einem schönen Abend im Mai kehrt dieser kleine Junge jedoch zu mir zurück. Es ist der Tag meiner zahnmedizinischen Promotion. Zum Anlass meiner Promotionsverteidigung sind einige Verwandte gekommen, die im Anschluss in meiner Wohnung zu einer kleinen Feier des errungenen Doktortitels zusammenkommen. Neben einigen Geschenken erhalte ich eines, was auf den ersten Moment wunderlich erscheint. Meine Mutter gibt mir ein Eurostück in die Hand. Dieses ist von einer ehemaligen Arbeitskollegin meiner Tante, die zu ebenjener Zeit des Softeis-Schnorrens im Salon gearbeitet hatte. Sie hatte von meiner Promotion gehört und dieses sonderbare Geschenk meiner Mutter zur Weitergabe an mich überreicht. Ich stecke den Euro arglos in die Tasche meiner Jogginghose. Ich bin aktuell viel zu beschäftigt, muss Grillen, die Gäste unterhalten, Bier trinken. Am Abend, als alle Gäste verschwunden sind, sitze ich allein in meiner Küche. Es ist ruhig und die Reste der Feierlichkeit sind noch deutlich sichtbar. Ich schiebe einige leere Flaschen zusammen und lasse den Tag Revue passieren. Dies tue ich viel zu selten. Einfach mal innehalten. Meine Hosentasche nervt mich, da ich zahlreiche Kronkorken vom Bier öffnen einfach in die Hosentasche gesteckt habe. Ich krame alle in einer Hand aus der Tasche und lasse sie durcheinander auf den Tisch fallen. Inmitten der Kronkorken blitzt das Eurostück hervor. Ich nehme es in die Hand und beginne es zu betrachten. Ohne, dass ich irgendwie Einfluss darauf nehme, beginnen Tränen über mein Gesicht zu rinnen. Ich denke nach, über das Leben, über meinen Weg, über die Fahrt auf der linken Spur. Immer links und Vollgas. Was würde der kleine Softeis-Junkie jetzt zu mir sagen? Würde er verstehen, wogegen ich gerade kämpfe? Würde er mir vielleicht endlich die Frage beantworten, wofür ich da gerade kämpfe. Ich fühle mich kraftlos, überwältigt und verrannt. Ich stecke den Euro in meine Hosentasche zurück und drücke ihn an mich. „So kann es nicht weitergehen", spreche ich aus. Ich höre diese Worte noch heute in meinem Ohr nachhallen, als hätte sie ein anderer ausgesprochen. Ich bin mir sicher, dass es so nicht weitergeht.

Am nächsten Morgen gehe ich zur Arbeit. Als ich im Büro sitze, sagt mir mein Büropartner: „Jetzt hast du den Doktor, ruh dich nicht drauf aus. Jetzt geht's erst richtig los. Also gib Gas." Ich denke nach. Er hat recht. Jetzt muss ich erst richtig auf das Gaspedal steigen. Ich lehne mich in den Sitz und ziehe den Gurt herüber, lasse ihn einrasten und greife das Lenkrad. Ich trete das Gaspedal durch. Lichthupe und Blinker links. Wäre doch gelacht, wenn ich jetzt nicht noch ein paar Schippen drauflegen könnte!

Nun sitze ich, weit mehr als sechs Jahre später, vor meinem Computerbildschirm. Innerlich und äußerlich gezeichnet von der unnötig rasanten Fahrt. Was habe ich alles verpasst, als ich mit 250 Stundenkilometern daran vorbeigeschossen bin? Meine Lebenswochen habe ich ja bereits durchgezählt. Zeit, den Gurt zu lösen und auszusteigen. Der Euro war mir nicht Warnung genug, hatte nicht die Kraft, mich aus meiner Tretmühle herauszulösen.

Auch Jahre später komme ich über eine „Erkenntnis" nicht heraus. Wie eine letzte Szene aus der jüngeren Vergangenheit zeigt.

Ich sitze im Büro, Montag um 9:30, ich habe zwei Stück Kuchen gegessen, um den Alltag zu ertragen. Ich bin kaputt, ausgebrannt, leer. Das Telefon klingelt schon eine Weile, als ich es genervt abnehme. Am Telefon ist ein alter Freund. Ein Wegbegleiter aus längst vergangenen Tagen. Ein Campingnachbar, mit dem ich als Kind häufig angeln war. Er war Bäcker und dadurch morgens sehr zeitig auf den Beinen. Der perfekte Angelpartner. Wir gingen zusammen fast jeden Morgen am Wochenende zum Angeln, während der restliche Campingplatz noch, oder gerade erst mal, schlief. Ich erkenne seine Stimme sofort und kann die Frage „Weißt du noch, wer ich bin" sofort mit „Aber klar!" beantworten. Diese vertraute Stimme, vielleicht etwas älter als früher, habe ich Jahre, wenn nicht zwei Jahrzehnte, nicht gehört. Wir tauschen kurz die üblichen Floskeln aus. „Wie geht es dir?", „Was machst du so?" Nur am Rande erwähne ich meine enorme Auslastung bei der Arbeit. „Glaub mir, ich weiß, wovon ich rede", leitet mein alter Freund einen ernsthaften und bestimmten Satz ein. „Arbeit ist nicht alles. Du musst dich um dein Leben kümmern, das ist wichtig!", setzt er fort. Dieser Anruf aus der Vergangenheit trifft mich ins Mark. Als ich auflege, zittern meine Hände. Ich brauche einen Moment, um mich zu ordnen. Ich gehe mir eine Limonade aus dem Automaten holen und atme durch. Nun aber zurück an die Arbeit.

Solch ein „Anruf aus der Vergangenheit" mit mahnenden Worten konnte mich, genauso wie der Euro, nicht von meinem Weg in die Selbstzerstörung abbringen. „Die Einschläge kommen näher" hört man oft in verschiedenen Kontexten. Diese beiden letzten Geschichten dieses Buches präsentieren zwei Einschläge, jeder für sich emotional sehr tiefgreifend für mich. Sie zeigen aber auch, wie schwer es ist, sich aus dem berühmt berüchtigten Hamsterrad heraushebeln zu lassen.

Ich habe die Reise durch dieses Buch genossen. Ich habe viel gelernt und manches verstanden. Ich habe erstaunliche Dokumente meiner eigenen Fehler ans Licht gebracht. Ich habe ein klares Motiv, etwas zu verändern, um zu Zufriedenheit zu kommen. Habe enormen Ehrgeiz und maximale Disziplin, es anzupacken und durchzuhalten. Es fehlt mir an Geduld, weshalb ich schnell etwas ändern muss. Ich muss meine Angel nach dem Glück auswerfen und mehr auf meinen Hund hören (und er hoffentlich auch irgendwann mal auf mich). Die Reise war und ist herausfordernd und erschöpfend. Ich hoffe, dass es mir gelingt, die richtigen Konsequenzen aus meinem eigenen Buch zu ziehen.

Liebe Leserin, lieber Leser, hiermit möchte ich meinen Dank aussprechen, dass Sie mich auf dieser Reise begleitet haben. Vielleicht fahren auch Sie gerade mit 250 Sachen auf der linken Spur. Womöglich sind Sie auch schon weiter als ich. Oder gar noch schneller. In jedem Falle wünsche ich Ihnen, dass Sie besser auf sich selbst hören, als ich es getan habe und heute wahrscheinlich immer noch tue. Wenn Sie schon nicht auf sich selbst hören, dann hoffentlich besser auf die näherkommenden Einschläge als ich. Was auch immer Sie tun, ich wünsche Ihnen, dass Sie niemals sich selbst verlieren. Schlussendlich wünsche ich Ihnen eine starke Antwort auf die Frage, warum Sie tun, was Sie tun.

Nun hoffe ich, Sie mit diesem Buch auch gut unterhalten zu haben. Zuletzt soll nun ein Zitat von Johann Wolfgang von Goethe stehen, welches Sie vielleicht inspiriert, eines der Puzzleteile aus diesem Buch herauszunehmen und in Ihr eigenes Lebenspuzzle einzufügen.

Johann Wolfang von Goethe sagte: „Was immer du tun kannst oder träumst es zu können, fang damit an."

Also. Worauf warten Sie noch?

Zusammenfassung und Fragen

✓ In diesem Buch finden Sie verschiedene Anregungen zu Themen, die für das Leben relevant sind. Es ist ein kleiner, subjektiver Ausschnitt aus meiner Perspektive.

✓ Seien Sie mutig, trauen Sie sich auch unbequeme Wahrheiten auszusprechen.

✓ Manchmal erhalten wir vom Leben Botschaften, die mitunter versteckt, jedoch auch nicht selten ziemlich explizit daherkommen. Achten Sie darauf.

✓ Wenn Sie derartige Botschaften in Ihrem Leben finden, ignorieren Sie diese nicht.

✓ Suchen Sie sich aus diesem Buch die Puzzleteile heraus, die für Sie passen. Ich wünsche Ihnen, dass Sie das lang ersehnte Randstück finden.

? Was sehe ich, nun wo ich „Ordnung im Bad" gelesen habe anders als zuvor?

? Welche drei Dinge, die sich für mich aus diesem Buch ergeben haben, möchte ich konkret angehen und/oder zukünftig anders machen?

? Welche Teile für mein Puzzle habe ich gefunden und welche suche ich noch?

Letzter TIPP: Wir alle sind auf einer Suche. Wenn Sie in diesem Buch noch nicht fündig geworden sind, bleiben Sie beharrlich, diszipliniert und konsequent. Verpassen Sie dabei jedoch nicht, im Moment zu leben und Ihr Glück zu sehen, wenn es vor Ihnen steht.

EIN HERZ FÜR AUTOREN A HEART FOR AUTHORS À L'ÉCOUTE DES AUTEURS MIA KAPΔIA ΓIA ΣΥΓΓΡΑ
HJÄRTA FÖR FÖRFATTARE UN CORAZÓN POR LOS AUTORES YAZARLARIMIZA GÖNÜL VERELIM SZÍV
CUORE PER AUTORI ET HJERTE FOR FORFATTERE EEN HART VOOR SCHRIJVERS TEMOS OS AUTOF
SZERZŐINKÉRT SERCE DLA AUTORÓW EIN HERZ FÜR AUTOREN A HEART FOR AUTHORS À L'ÉCOUT
CORAÇÃO ВСЕЙ ДУШОЙ К АВТОРАМ ETT HJÄRTA FÖR FÖRFATTARE Á LA ESCUCHA DE LOS AUTOR
AUTEURS MIA KAPΔIA ΓIA ΣΥΓΓΡΑΦΕΙΣ UN CUORE PER AUTORI ET HJERTE FOR FORFATTERE EEN H
YAZARLARIMIZA GÖNÜL VERELIM SZÍVÜNKET SZERZŐINKÉRT SERCE DLA AUTORÓW EIN HERZ FÜR
FÜR SCHRIJVERS TEMOS OS AUTORES NO CORAÇÃO ВСЕЙ ДУШОЙ К АВТОРАМ ETT HJÄRTA FÖR

Der Autor

Gerhard Schmalz wurde in Gera, Thüringen, geboren. Nach dem Studium der Zahnmedizin arbeitete er in der zahnärztlichen Praxis, als Hochschullehrer und Wissenschaftler an der Universität. Er studierte weiterhin Gesundheitspsychologie, sowie systemische Beratung und Coaching. Mit dieser Expertise arbeitet er außerdem als Berater, Coach und Speaker. Bisher verfasste der Autor eine Vielzahl von Fachartikeln und Buchbeiträgen für Medizin und Zahnmedizin. Vorliegender Ratgeber ist sein erstes Werk. Schmalz lebt aktuell in Leipzig, hat einen Dackel und eine Tochter. Er ist leidenschaftlicher Angler und Naturfreund.

Der Verlag

*Wer aufhört
besser zu werden,
hat aufgehört
gut zu sein!*

Basierend auf diesem Motto ist es dem novum Verlag
ein Anliegen, neue Manuskripte aufzuspüren, zu ver-
öffentlichen und deren Autoren langfristig zu fördern.
Mittlerweile gilt der 1997 gegründete und mehrfach
prämierte Verlag als Spezialist für Neuautoren in
Deutschland, Österreich und der Schweiz.

**Für jedes neue Manuskript wird innerhalb we-
niger Wochen eine kostenfreie, unverbindliche
Lektorats-Prüfung erstellt.**

Weitere Informationen zum Verlag und
seinen Büchern finden Sie im Internet unter:

w w w . n o v u m v e r l a g . c o m